Erwachen zur Freude

Marianne Dubois

Marianne Dubois

Erwachen zur Freude

SILBERSCHNUR

Originaltitel: Le Rire de Dieu
ou La Naissance à la Joie
(Marianne Dubois)

aus dem Französischen übersetzt von Verena Keller

ISBN 3-931 652-02-5

1. Auflage 1996

Coverbild: Marianne Dubois, Paris
Covergestaltung: DTP Graphikdesign HUBER, Melsbach
Druck: Kossuth Ag, Budapest

Verlag „Die Silberschnur“ · Heddesdorfer Straße 7 · D -56564 Neuweid

Inhaltsverzeichnis

Vorwort

Um dem Leser dieses Werk vorzustellen, muß ich die Erfahrung, oder besser gesagt »das spirituelle Abenteuer« erzählen, das ich mit großer Intensität erlebt habe. Hier also dessen Beginn und Verlauf:

Die ersten Veränderungen haben sich in der Folge eines Todesfalles oder kurz zuvor manifestiert, nämlich in der Phase, in der ich schmerzlich den Weggang eines Wesens vorausahnte, mit dem ich meine Existenz geteilt habe.

Das Sterben meines Lebensgefährten war ein schweres Erlebnis, und doch ist in jenem Moment für mich ein Schleier zerrissen worden.

Als er sich auf der Intensivstation befand, fing ich an, seinen Zustand auch aus der Distanz nicht nur wahrzunehmen, sondern sogar gewisse seiner Hilferufe zu hören. Im Moment seines Todes war ich nicht bei ihm im Krankenhaus. Ich befand mich in unserem Heim und spürte, daß er starb.

Ich hatte den Eindruck, in einen anderen Bewußtseinszustand einzutreten, und habe mich von meinem inneren Impuls führen lassen.

Auf dieser Ebene war ich an der Seite meines Gatten und habe ihn bei seinem Übergang vom Leben zum Tod begleitet.

Es sind mir Worte gekommen wie: »geh weiter - tritt aus deinem Körper aus - geh weiter nach oben - du gehst ins Licht - ich liebe dich - hab keine Angst - diese Gesichter mit den Grimassen, die dich umgeben, sind nichts als die Vorstellungen deiner Angst...«

Nach einiger Zeit, deren Dauer ich nicht definieren kann, sind wir beide von einem unwahrscheinlichen, unbeschreiblichen Licht überflutet worden.

Ich hörte mich sagen: »Das ist wunderbar«.

Einige Augenblicke später hat man aus dem Krankenhaus angerufen, um mir seinen Tod mitzuteilen.

Es scheint mir, als stehe dieses Ereignis in Verbindung mit dem, was folgt, doch bin ich mir dessen nicht absolut sicher.

Ungefähr sechs Monate später wurde ich dazu geführt, innerlich eine erste Begegnung mit Jesus zu »erleben«.

Diese spielt sich nicht in der physischen Realität ab, sondern in einer anderen Wirklichkeit, die mir viel lebendiger und intensiver erscheint als die physische Ebene.

In dieser »inneren Vision« bin ich bei mir zu Hause auf dem Land, allein und traurig. Es ist Winter, spät abends, und ich bin erstaunt, die Hausglocke läuten zu hören. Ich habe ein wenig Angst...

Ich steige die Treppe hinunter und nehme unter der Tür einen Lichtstreifen wahr. Wie ist dies möglich, da auf der Straße kein Licht brennt? Ich frage mich, ob ich nicht verrückt bin, nähere mich aber der Tür. Ich habe Herzklopfen, warte einige Momente und öffne dann die Tür...

Jesus steht vor mir. Bestürzt sehe ich die Erscheinung an - eine weiße, unbewegliche Gestalt -, die ich ohne zu zögern erkenne.

Warum Jesus? Ich erahne die unwahrscheinliche Liebesgeschichte noch nicht, die mein Leben erschüttern wird. Das Christentum existiert nach meinen bewußten Anhaltspunkten nicht. Ich ziehe die verinnerlichten, heiteren Bilder des Buddha oder die chinesische Weisheit eines Lao Tse vor.

Als ich Jesus vor meiner Tür sehe, bilde ich mir ein, er sei nicht für mich da, er habe sich getäuscht. Ich falle zu seinen Füßen nieder und bitte ihn, in meinem Herzen wegzugehen.

In diesem Augenblick faßt er mich bei den Händen, richtet mich auf und tritt in mein Haus ein.

Es handelt sich hier nicht mehr um eine Anekdote, sondern um eine wahrhaftige Erschütterung der Seele, ein Ereignis, das nicht übermittelt werden kann.

Sein Mitgefühl ist unendlich, es ergießt sich in mich wie ein Sturzbach und stößt auf seinem Weg alles um . Ich ergebe mich ihm, indem ich alle seit dem Ursprung der Welt zurückgedrängten Tränen bis zur Erschöpfung weine.

Wie kann ich eine solche LIEBE aufnehmen, eine Liebe, die so groß ist, daß sie nichts verlangt?

»Ich bin deine Quelle, ich bin du,« sind die ersten Worte, die er mir schenkt.

Und so wurde mein Herz mit Licht erfüllt, und mein graues, angsterfülltes Leben begann sich der großen Sonne des Aufblühens darzubieten.

Einige Wochen später erlebte ich wieder eine »innere Erscheinung«, sehr verschieden von der ersten, dann eine dritte... Später sind diese Begegnungen immer rascher aufeinander gefolgt, bis zu dem Tag, an dem diese Präsenz ein beinahe konstanter Teil meiner selbst wurde, mit dem ich ein Zwiegespräch führen konnte.

Jeder Gedanke, jede Handlung, jedes tägliche Problem verwandelt sich durch den Blick dieser Präsenz, als wenn sie das wäre, was ich auf einer anderen Bewußtseinsebene bin. Ich »sehe« mich mit immer größerer Unerbittlichkeit und Genauigkeit. Ich überantworte ihr jeden Augenblick meines Lebens in der ehrlichsten und schärfsten Wahrnehmung, die ich ihr geben kann. Dies verlangt Mut und Aufmerksamkeit, doch scheint sich eine wachsende Kraft zu installieren, die mich zu einem anderen »ich« hindrängt.

Eine Anzahl von Begegnungen und Zwiegesprächen mit diesem »Bildnis der LIEBE« hat also mein tägliches Leben, aber auch meinen Blick für die Welt, meine Art zu sein und zu denken verwandelt. Ich spüre meinen Körper nicht mehr auf die gleiche Weise, sondern habe den Eindruck, als würde jede Zelle meines Körpers lebendig und sowohl ein Bewußtsein ihrer selbst als auch ein globales Bewußtsein entwickeln. Aber wie kann man einen Körper beschreiben, der seine Begrenzungen verliert und seine Existenz »erlebt«. Das einzige mir zur Verfügung stehende Mittel ist das Beschreiben von Bildern, und ich weiß nicht, bis zu welchem Grad Bilder diese andere Realität andeuten können. In dieser Erfahrung sind Körper, Seele und Geist nicht mehr getrennt.

In der Folge habe ich festgestellt, daß ich den Teil von mir, der »angeschlossen« ist, »sprechen lassen« kann, wenn ich akzeptiere, mich vollständig einem gewissen Zustand der Entspannung und der Öffnung zu ergeben. Die Antworten auf die Fragen kommen dann nicht von meinem Ego, sondern sie reflektieren das, was der Fragende selbst in seinen Tiefen dunkel spürt.

Ich erlebe diese Erfahrung nicht wie ein Medium, weil ich vollständig mit der Essenz meines Wesens in die gegebenen Antworten mit einbezogen bin. Doch gehören sie ganz einfach nicht meinem Ego an.

Sowohl diese Antworten als auch andere Botschaften können sich nur übermitteln, wenn ich der lebendige Zeuge ihres Inhaltes bin. Dies ist die Vorbedingung ihrer Richtigkeit. Die Einheit wird dort gelebt, wo ich wirklich ich selbst bin und nicht nur ein Vermittler, der etwas anderes erhält als meine zutiefst erlebte Realität.

Es scheint mir, daß die Möglichkeit, auf Fragen zu antworten, ein der Inspiration des Künstlers analoger schöpferischer Prozeß ist, jedoch eines Künstlers, dessen Werk sich nicht von seinem gewöhnlichen Leben und seinen Gedanken oder täglichen Handlungen unterscheidet.

Ich bin weder jemandes Briefkasten, noch ein Telefon für wer weiß was für ein Jenseits - es sei denn, zwischen dem Kasten und den Briefen, die er erhält, oder dem Telefon und den übermittelten Botschaften bestünde keine Trennung mehr.

Diese Erfahrung stellt eine grundlegende Transformation des »Wesens« dar.

Alle während meines Lebens gesammelten Erkenntnisse mußten aufgegeben werden. Ich habe mich wiedergefunden auf dem Schiff des Unbekannten mit einem unsichtbaren Führer, der gleichzeitig das Universum und mich erfüllt. Für mich heißt er Jesus, doch habe ich in der Folge konstatiert, daß ihm alle Namen entsprechen, denn das Göttliche kann aus allen Namen und allen Formen erblühen.

Für diejenigen, welche ihn nicht personifizieren oder bei einem Namen nennen wollen, ist er »Der Namenlose« oder »Das Unvorstellbare«.

Zur praktischen Vereinfachung und weil dies mein schönstes, mein liebstes und mein zärtlichstes Bild der LIEBE ist, entspringen die Antworten dieser Quelle. »ER« antwortet durch mich, oder wenn man es anders ausdrücken will, entstammt die Antwort einer tieferen Schicht meiner selbst. »ER« ist also Jesus, aber ein Jesus aller Farben, der in gar keine Struktur paßt, weil er grenzenlos ist. »ER« ist in jedem von uns der freie und »angeschlossene« Teil. »ER« ist überall die unendliche Quelle. Als ich ihm begegnete, hatte ich den Eindruck, endlich mir selbst zu begegnen und mit der Einheit des Lebens zu verschmelzen.

In dieser Einheit ist die Freude total, und der Tod wird nicht mehr empfunden. Scheinbar hat sich nichts verändert, aber Angst, Pflicht und Schuld sind ersetzt durch die unvorstellbare Glückseligkeit, im Strom einer anderen Realität zu schwimmen. Indem ich in diese Realität eindringe, scheint selbst mein Körper zu evolvieren. Einerseits entwickelt sich die Lebenskraft anders und befreit neue Kreisläufe, andererseits scheint die bewußte

Annahme dieses »Bildes« die Substanz meines Wesens umzuwandeln.

»Einzig die LIEBE verwandelt deine Zellen« ist ein Satz, der im Laufe dieser Erfahrung oft auftaucht. Er ist zweifellos deren Schlüsselpunkt.

Ich habe später begriffen, weshalb sich das Bild Jesu und nicht ein anderes eingestellt hat: Dieses Bild der »LIEBE« befindet sich seit 2000 Jahren in unserem westlichen Unbewußten. Die Zeit ist vielleicht gekommen für eine neue Geburt, eine »Auferstehung« im Herzen eines jeden. Und dieses Bildnis kann vom Plunder der Dogmen und von den religiösen Einschränkungen aller Arten befreit werden. Die LIEBE ist EINS. Nichts trennt sie, selbst wenn uns Tausende von Wegen zu ihr führen.

Im Laufe dieser Geschichte hat sich ein ständiges Zwiegespräch zwischen meinem gewohnten Ich und dem tiefen Ich entwickelt. Der Dialaog zwischen diesen beiden Teilen meiner selbst findet seit fast sechs Jahren ohne Unterbrechung statt, und so antwortet »ER« oder Jesus, der unendliche Brunnen der LIEBE, auf unsere Fragen.

Die Fragen in »Erwachen zur Freude« werden von Hörern meiner Vorträge, Lesern, Freunden und auch von mir selbst gestellt. Die Antworten kommen mündlich oder schriftlich. Manchmal werden sie auch niedergeschrieben, nachdem sie mündlich gegeben worden sind.

Dieses »Abenteuer« oder diese Verwandlung von Körper, Seele und Geist geht unablässig auf unvorhersehbare Weise weiter, aber immer in einem großen Lachen der Freiheit, einer offenen Freude und ohne Grenzen.

Einleitung

Die Fragen und Antworten, die in diesem Buch enthalten sind, scheinen das Ergebnis eines besonderen Verlangens unserer Zeit in bezug auf zwischenmenschliche, psychologische, ethische und spirituelle Probleme des Lebens zu sein. Die Antworten sind nicht vollständig auf jedermann abgestimmt, denn sie berücksichtigen die tiefe Überzeugung des Fragenden, doch sie sind es fast immer teilweise. Sie richten sich oft an eine bestimmte Person und reflektieren einen verborgenen Teil ihrer selbst. Manchmal richten sie sich an alle Menschen der Erde.

Jede Person findet eine engere Verbindung zu sich selbst durch die ihr gegebene Antwort. Aber gleichzeitig erkennen sich andere darin auch wieder und können durch diese Texte einen verlorenen Schlüssel finden, eine Tür, die sich auftut, oder eine Landschaft, die sich erhellt.

Die Antworten scheinen einer Ebene zu entstammen, die uns allen gemeinsam ist, einem Ort, an dem wir miteinander verbunden sind.

Die Botschaften sind also demnach den Überzeugungen des Fragenden angepaßt. Wenn ihr eine spezielle Beziehung zu Jesus habt, ist es natürlich Jesus, der euch seine LIEBE und sein Verständnis gibt in der vollständigen Akzeptanz dessen, was ihr seid. Dem Atheisten wird im Namen des Lebens geantwortet. Demjenigen, der einen Meister aus der heutigen Zeit oder aus der Vergangenheit hat oder eine andere Vorstellung des Göttlichen hegt, werden die Antworten in dessen Namen gegeben. Wenn jemand zum Beispiel an die Reinkarnation glaubt, so wird dies berücksichtigt. Dasselbe gilt für den, der nicht daran glaubt.

Wer eine abstrakte Wahrnehmung der Einheit hat, dem wird diesem Konzept gemäß geantwortet. Jeder wird dort begleitet, wo er ist, mit dieser bedingungslosen Liebe, die es erlaubt, einige Schritte zur Freude hin zu tun und zu einem besseren Akzeptieren seiner selbst und der andern zu gelangen.

Jedesmal, wenn eine Wahrheit als absolut angesehen wird, führt sie die Menschen dazu, jene, die nicht in ihr Konzept passen, auf die eine oder andere Weise zu zerstören oder zu verachten.

Tatsächlich ist unserer Begrenzungen wegen eine absolute Wahrheit unvorstellbar. Es handelt sich also einfach darum, vollständig in unsere innere und besondere Wahrheit einzutreten, die dem, was wir in diesem Moment sind, am besten entspricht.

Diese Texte könnten uns erlauben, uns ihm Rahmen unserer Möglichkeiten dem kleinen Funken Wahrheit zu nähern, der uns betrifft. Er wird es uns ermöglichen, die Wahrheit der anderen zu verstehen und uns zu einer Erweiterung unseres Bewußtseinsfeldes hinzubewegen - vielleicht sogar zu einer wahrhaftigen Transformation.

Frage: Auf welcher Ebene des Bewußtseins soll man die in diesen Schriften gegebenen Antworten interpretieren?

ER spricht:

»Auf der Ebene des Absoluten stellt sich kein Problem. Alle Fragen sind sinnlos, außer sie bestätigen die Illusion, die wir von uns selbst haben. Von diesem Gesichtspunkt aus gesehen hätte selbst das Verschwinden der Erde keine Realität. Doch die folgenden Kapitel beziehen sich auf die unmittelbare Welt der Dualität. Indem wir unsere täglichen Probleme in Ordnung bringen, können wir uns vielleicht einer anderen Bewußtseinsebene annähern.

Dennoch wird geraten, im täglichen Leben über die dualistische Geisteshaltung, die uns immer gelehrt worden ist, hinauszuwachsen. Es wird zum Beispiel vorgeschlagen, eine Revolte, eine Angst, ein Leiden, eine unterdrückte Gewalt, ein sexuelles Problem etc. bis auf den Grund seiner selbst zu leben. Es handelt sich darum, die Emotion zu «sehen» und sie ohne Verurteilung anzuschauen und nicht in Aktionen einer konkreten Realität umzusetzen. Das Verständnis und das Nicht-Urteilen erlauben es, diese unerwünschten oder störenden Regungen in der Einheit aufzulösen. Ihre Unterdrückung verstärkt sie, leitet sie fehl oder macht krank.

Die Lösung des Problems liegt in den mentalen Bildern, welche die Emotion übersetzen, und natürlich nicht in Handlungen, die Schaden zufügen könnten, oder in negativen Gedanken gegen andere oder sich selbst.

Statt beispielsweise meinen Zorn zu unterdrücken, beobachte ich die Bilder, die in meinem Geist aufsteigen: Ich habe Lust, jemanden zu erdrosseln - ich beobachte diese Lust - andere Bilder steigen auf - ich beobachte sie, und so weiter, bis zur totalen Erschöpfung meines Zornes. Diese neutrale Beobachtung führt zur Transformation. Eine urteilsfreie Beobachtung ohne jedes Schuldgefühl erlaubt es der Emotion zu versiegen.

Das klare Sehen verlangt eine Aufmerksamkeit, die für die meisten von uns besonders schwierig zu sein scheint. Dennoch ist es das Fundament der inneren Suche und des darin liegenden Glücks. Die Undurchsichtigkeit schützt uns vielleicht bis zu einem gewissen Grad vor dem »Unbekannten«, das wir für uns selbst sind, aber sie trennt uns für immer von jeder wahrhaftigen inneren Freiheit.«

Emotionale und affektive Probleme

Frage: Meine Tochter findet ihren Weg nicht. Sie läßt sich auf Experimente ein, die von der Gesellschaft verurteilt werden. Ich glaube, in ihrer Erziehung versagt zu haben, und schäme mich deshalb. Was muß ich tun?

ER spricht:

»Deine Tochter ist ein Flammenbanner, das dir hilft, du selbst zu werden. Sie führt dich in Regionen, die du nicht vorausgesehen hattest.

Schau dein Kind an. Erkenne es wie eine Fackel, die dich erleuchtet.

Es lehrt dich die Liebe, die Liebe, die nicht mit einem Modell übereinstimmt.

Das Bild deines Kindes, das dir von der Gesellschaft mit ihren unsinnigen Verurteilungen entgegengehalten wird, muß aus deinem Herzen ausgelöscht werden.

Wage es, außerhalb der Schablonen der anderen zu existieren. Dein Kind ist da, um dir zu helfen, über die Schande hinauszuwachsen und stolz das zu sein, was du bist, in der strahlenden Pracht einer neuen Freiheit. Es drängt dich dazu, dich von den Bürden zu befreien, die dir von deiner Umgebung aufgeladen werden.

Explodiere in einem großen Lachen, indem du alles wegräumst, was nicht das Wesentliche deiner selbst ist. Finde dieses Wesentliche wieder, das verborgen liegt hinter dem Schirm einer erstickenden Erziehung - diese Erziehung, die aus dir ein allzu braves kleines

Mädchen gemacht hat. Deine Tochter erlaubt es dir, die lebendigen Kräfte der Revolte wiederzufinden - die du immer abgewürgt hast. Diese Revolte verlangt befreit, angeschaut und ins volle Licht gerückt zu werden. Sie ist es, die dich und dein Kind befreien kann. Laß sie nicht verfaulen in deinem Innern, hinter den von der Angst und dem Blick der anderen aufgerichteten Mauern.

Die Lösung deiner Probleme findet sich in der Annahme und in der Wahrheit dessen, was du bist, und nicht in der Unterdrückung von dir oder deiner Tochter, ausgeübt durch jene, die glauben, ihre starre Moral ohne Liebe aufzwängen zu müssen.

Reiße aus dir jede Form von Repression, auch jene, die du bei dir selbst ausübst, und marschiere vertrauensvoll dieser Freiheit entgegen, die es dir erlaubt, endlich deine Flügel auszubreiten.

So wirst du deine Kraft und deinen Reichtum entdecken können und den anderen zeigen, was du wirklich bist. Denn jede Geste und jedes Wort werden dann ganz natürlich aus deiner tiefsten Quelle geboren.

Deine Tochter verlangt dieses Geschenk der Wahrheit von dir. Es wird gleichzeitig für sie und dich selbst befreiend sein.«

Frage: Wie kann ich von meiner Drogenabhängigkeit frei werden?

ER spricht:

»Hast du begriffen, weshalb du in der Droge eine Zuflucht suchst? Welches ist dein Unglück, deine Verzweiflung, deine Abscheu vor dem Leben, deine Ablehnung, die Welt und deine Existenz so zu sehen, wie sie sich präsentieren? Hast du Lust, dir selbst zu entfliehen, hast du es nötig, neue Sinneseindrücke zu finden, die es dir erlauben, zu anderen Wirklichkeitsebenen vorzustoßen? Oder hat dir einfach die Angst, nicht »auf der Höhe zu sein«, alles Vertrauen in dich selbst genommen?

Wenn du dich in einer Abhängigkeit dieser Art verirrst, ist es offensichtlich, daß du etwas suchst, das deine tägliche Realität transzendiert, denn du findest sie langweilig, häßlich oder unerträglich.

Hoffst du nicht, das Licht zu finden, das deinen Weg verschönert, den Funken, der dein Leben verwandelt? Kannst du dir vorstellen, daß das Göttliche in dir ist und dich zu diesem Licht führen kann, ohne daß es nötig wäre, dich zu zerstören?

Begreife vorerst ganz zuinnerst, was du kompensieren willst oder was dir fehlt, und warum du einen Mangel hast. Tritt vollständig ein in diese abgrundtiefe Traurigkeit, diese Notwendigkeit, allem, was dich verletzt, zu entfliehen, in diese Schwäche, die dich daran hindert, dein Leben stolz zu tragen. Wenn du auf diese Weise »eins« sein kannst mit der tiefen Ursache deiner Abhängigkeit, so wirst du dich davon befreien können, was auch immer die Umstände sein mögen.

Dies ist eine Frage der Aufmerksamkeit und des Nicht-Verurteilens, denn die Aufmerksamkeit und das Nicht-Urteil führen dich zur »BEWUSSTWERDUNG«.

Beobachte den Mechanismus, der dich zur Zerstörung führt. Hast du nicht irgendwo Lust, dich zu vernichten oder dich zu rächen für alles, was »man dir angetan hat«? Sind es die Gesellschaft, ein Elternteil, die Familie, der Druck eines religiösen Systems oder einer engstirnigen Moral, die dich mehr oder weniger bewußt zur Rache nötigen? Sich zerstören zu wollen, enthält immer einen Teil von Rache, und sei es nur gegen sich selbst. Wenn du deinen Mechanismus in seiner Komplexität verstanden hast, kannst du um Hilfe bitten, und wenn du es wirklich zutiefst wünschst, wirst du von der Abhängigkeit frei werden können.

Bleibe nicht im Geheimnis und in der Scham stecken. Ein wahrhaftiges Begreifen führt dich zu einer Bewußtseinsform, die in sich selbst bereits eine Heilung ist. Sie ist der Samen deines Wachstums, und wenn du sie als solchen sehen und fühlen kannst, wird sie dir einen neuen Blick für dich selbst und für die Welt geben. Sie wird dir einen neuen Weg der Erkenntnis, ein Arbeitswerkzeug schenken, womit du dein Leben wieder aufbauen und die Freude entdecken kannst.

Was könntest du konkret tun, um deine Drogen- oder irgendeine andere Abhängigkeit aufzugeben?

Sieh dich jeden Morgen beim Aufstehen mit neuen Augen an, mit Zärtlichkeit für dich selbst und alle deine Schwächen - nicht in einer Optik des Sichgehenlassens, sondern in einer Optik des Verstehens und der Liebe. Erfinde einen kleinen Satz, der dir entspricht und deine Stütze sein wird für den Tag. Zum Beispiel: »Das Glück ist verborgen. Wenn ich es finde, habe ich die Drogen nicht mehr nötig.« Oder: »Der göttliche Blick beschützt mich, was immer ich tue.« Oder: »Das Leben in mir ist stärker als alle Abhängigkeit.« Du wirst selbst den kleinen Satz finden, der dir helfen und die Farbe deines Tages annehmen kann.

So kannst du jeden Tag eine Stufe erklimmen, eine neue Kraft finden und entdecken, daß du gelassen deiner Freiheit entgegenschreitest.«

Frage: Warum weint J. seit seiner Geburt fast ununterbrochen? (J. ist drei Monate alt.)

ER spricht:

»J. hat im Moment keine anderen Mittel, um eine explosive Kraft, seine Lebenskraft, auszudrücken. Er braucht viele Ablenkungen, bevor er fähig sein wird, selbst die Ereignisse zu dirigieren. Er fühlt sich eingeschlossen, gefangen in einem zu kleinen Körper, der noch keine Möglichkeit hat, sich zu manifestieren.

Diese Generation besitzt in der Mehrzahl ihrer Elemente einen großen Reichtum und eine Neigung, zusammenzuführen und eine neue Welt zu bauen. Sie hat eine sehr große innere Kraft und wird eine solide Säule für die Zukunft sein.

Von den Eltern wird verlangt, Geduld zu üben, ihr Kind zu lieben und es zu unterstützen, selbst wenn sie manchmal durch die momentane Situation beunruhigt sind.

Unsere Kinder werden weit über das hinauswachsen, was wir uns vorstellen können, hauptsächlich die Kinder dieser Generation.

Im Moment verlangt J. von seiner Mutter, daß sie mit ihm auf einer sehr tiefen inneren Ebene in Verbindung steht. Er ist ein Ausgehungerter der Seele und fühlt sich gefangen in den Grenzen seines kleinen Körpers. Er möchte, daß man wirklich mit ihm redet, nicht nur mit Worten, sondern mit einem Elan des Herzens und der Seele, der weit über Worte hinausreicht. Er verlangt von seiner Mutter, daß sie über die gewohnten, für die Erziehung eines Kindes nötigen Begrenzungen hinauswächst. Er richtet sich an den Teil von ihr, der in Entwicklung begriffen ist, diesen Teil, der in Verbindung steht mit der Einheit des Lebens. J. ist in dieser Einheit und versteht nicht, weshalb seine Mutter nicht auch ununterbrochen darin lebt und warum sie nicht teilhat an dem übermäßigen Streben, das er in sich trägt. Wenn sie ihn anspricht mit diesem tiefen Teil ihrer selbst, der nicht abgetrennt ist, wird sie die Bedürfnisse ihres Sohnes »körperlich« verstehen. Er wird sich sodann augenblicklich beruhigen.

Dies ist ein außergewöhnliches Kind, das es nötig hat, mit seinen Schreien der Verzweiflung angenommen zu werden. Das Verständnis wird ihm helfen, diese Phase der Anpassung an eine Inkarnation zu überstehen, die es im Moment schlecht akzeptiert.«

Frage: Was ist der Unterschied zwischen dem Losgelöstsein und der Gleichgültigkeit? Ist das Losgelöstsein nicht ein Weg der Zurückgezogenheit und Austrocknung? Hat es einen Platz in der Kindererziehung?

ER spricht:

»Bei dieser Art von Frage ist es wesentlich, sich auf den Sinn zu einigen, den man den Worten gibt. Das Wort Losgelöstsein wird oft im Sinne von Gleichgültigkeit angewandt. Es ist also nützlich, genau festzulegen, daß es hier gebraucht wird im Sinne einer Verneinung der egoistischen Bindung. In diesem Fall ist es das Gegenteil der Gleichgültigkeit, weil du dich in der Gleichgültigkeit von den anderen absonderst, während du dich im Losgelöstsein mit ihnen vereinigst, ohne etwas von ihnen zu fordern. Der Teil von dir, der nicht das Ego ist, verbindet sich mit ihnen. Du fühlst sie in dir wie einen Teil deines eigenen Wesens, denn du erwartest nichts von ihnen. Die Beziehung ist also neutral, das heißt frei; sie befindet sich nicht in einem gegenseitigen Machtaustausch. Der Machtaustausch fesselt die Beziehung. Wenn du zum Beispiel zu jemandem sagst: »Ich tue dies für dich«, du aber tatsächlich unausgesprochen den anderen mehr oder weniger bewußt verpflichtest, als Austausch für den geleisteten Dienst in deine Forderungen einzuwilligen, so übst du Macht aus.

Ein anderes Beispiel: Du wünschst, daß jemand anders wäre, als er ist, denn du findest, dies wäre zu seinem Wohl, seinem Glück usw. Indem du von den anderen etwas willst, sei es im Namen der Moral oder eines persönlichen Schemas, gestaltest du dein Leben bei bester Absicht durch Erpressung.

Wenn du in diesem Sinne losgelöst bist, akzeptierst du den anderen so, wie er ist. Du kannst ihn vollständig mit einbeziehen und ihn in deinem Herzen tragen. Wenn nicht, so unterbrichst du den Strom, der euch auf der Ebene des verborgenen Wesens verbindet.

Deshalb ist die Erziehung der Kinder so heikel. Wie kann man den Zwang verhindern und sie gleichzeitig hinführen zu einer ausgewogenen Anpassung an die Gesellschaft und an alles, was das Leben an sie heranbringen wird? Die einzigen Lösungen sind Zuhören und Aufmerksamkeit, begleitet von einer großen Flexibilität. Es handelt sich darum, sein Kind seinen besten Möglichkeiten entgegenzutragen, indem man ihm erlaubt, sich frei zu fühlen innerhalb einer Struktur, die ihm Sicherheit gibt. Auch hier ist wieder die bedingungslose Liebe der beste Führer.

Die Harmonie eines Paares ist das schönste Kapital, das man den Kindern mitgeben kann. Sie ist der Hauptfaktor, der ihnen diese Struktur der Geborgenheit gibt.

Wenn sich die Eltern des Unterschiedes bewußt werden können zwischen den wirklichen Gaben ihres Kindes und ihren eigenen Wünschen, die sie auf das Kind projezieren, können viele Fehler vermieden werden.

Indem du dich unablässig in Frage stellst in bezug auf dich selbst und alle anfallenden Situationen, das heißt, wenn du lebendig bleibst, gehst du notwendigerweise auf dieses »Losgelöstsein« vom Ego oder diese »Nicht-Identifikation« zu, die eine andere Form der LIEBE ist.

Diese LIEBE entspricht dem pulsierenden Herzen des Universums, das nichts und niemanden ausschließt, weil es der eigentliche Strom des Lebens ist.«

Frage: Unser Sohn M. scheint sich in dem von ihm gewählten Studium nicht mehr wohlzufühlen. Wie kann man ihm helfen?

ER spricht:

»M. hat es nötig, so akzeptiert zu werden, wie er ist. Seine Eigenschaften sind Feinfühligkeit, Reinheit und eine seltene Intelligenz des Herzens. Es ist wichtig für ihn, um dieser Eigenschaften willen anerkannt zu werden. Er ist ein Mensch mit außergewöhnlichen Qualitäten. Der Wunsch, »es gut zu machen«, und seine Verletzlichkeit versperren ihm manchmal etwas den Weg. Er möchte sich bewähren und den anderen beweisen, daß er fähig ist, das zu sein, was man von ihm erwartet, denn seine Jugend erlaubt es ihm noch nicht, sich mit seinen eigenen Augen anzusehen. Seine Wahl ist also zwangsläufig vom wenn auch unausgesprochenen, Wunsch seiner Eltern für ihn geleitet. Er fühlt sich der Lage nicht immer gewachsen, aber spielt das Spiel mit und will nicht zum Rückzug blasen, auch wenn er eine Art von innerem Zusammenbruch spürt.

Eine bedingungs- und leidenschaftslose Unterstützung könnte die Situation entschärfen und ihm helfen, seinen Weg zu entdecken. Er würde sich wohler fühlen, wenn man ihm Zeit gäbe, damit sich seine Reife in Ruhe entfalten kann.

Eine außergewöhnliche Feinheit sowohl in seinen Gefühlen als auch in seiner Wesensart erlauben es ihm, ständig hinzuhören. Auch seine anderen Fähigkeiten werden ihn später zu einem Beruf führen, worin er die Gesamtheit seiner Begabungen brauchen und sich in einer neuen Richtung entwickeln kann.

Zur Zeit spürt er die Bekümmernis derer, die er liebt. Sie kommt zu seinem eigenen Kummer hinzu und verstärkt ihn. Wenn er seine eigene Kraft und seinen Weg gefunden hat, wird er ein Teil dieser andersartigen Menschheit sein, die die Fähigkeit besitzt, sich neuen Bewußtseinsebenen zu öffnen. Jedesmal, wenn man ihm die Neutralität anbieten kann, die ihn frei läßt, seine Originalität zu entdecken, und seine Besorgnis nicht nährt, wird man ihm helfen, sich zu erkennen und sich einer Transformation entgegenzubewegen, die nicht mehr stillsteht.«

Frage: Warum diese Gewalttätigkeit und Verzweiflung bei gewissen Jugendlichen?

ER spricht:

»Das gekonnte und konstante von den Massenmedien orchestrierte Hochspielen jedes negativen Elementes, das auftaucht, ist eine subtile Verschmutzung des Geistes.

Wer redet von der immensen Mehrzahl junger Menschen, die sich mit einer totalen Selbstlosigkeit in großen humanitären Werken engagieren? Dies ist ein absolut neues Phänomen auf Erden. Eine wachsende Solidarität ist im Entstehen begriffen. Sie wird genährt von Mut, Leistungsfähigkeit und Entsagung.

Wenn sich die Massenmedien freundlicherweise vorwiegend auf diese Art von Ereignissen beziehen wollten, würden sie eine nützliche Tat im Geist vieler Menschen vollbringen. Ignorieren wir nach Möglichkeit die Berieselung mit Negativität. Gewalt und Verzweiflung gehören einer sehr kleinen Minderheit an.

Wir reden hier nicht von diesen sehr jungen Mördern, deren Geist offensichtlich gestört ist.

Wenn ein Jugendlicher in Gewalttätigkeit und Verzweiflung dahindämmert, sollten wir wissen, daß er ein großes Loch in dem Bild hat, das er sich von sich selbst und seiner Zukunft macht. Sehr wahrscheinlich waren ihm Verständnis und Liebe versagt, und er hat eine Familie erduldet, die ihm keinen Lebenssinn hat geben können.

Wie sollte man nicht Lust haben, alles zusammenzuschlagen, wenn man feststellt, daß das einzige Idol der Erwachsenen in seiner Umgebung der Gott Geld, Grundbesitz, Autos und *tutti quanti ist?* Wenn er aus einem weniger begünstigten Milieu stammt, so dient ihm eben das Fernsehen als Bezugspunkt, und dieser bedeutet Gewalt, Negativität und Konsum. Er hat keine Kompensation in der Familie, die das Gleichgewicht wieder herstellen könnte. Wo findet er einen Ausweg, ein wenig Hoffnung, etwas zum Träumen?

Wir sind alle verantwortlich für diese unglücklichen Kinder. Sie sind ein Teil von uns selbst. Sie konfrontieren uns mit dem, was wir sind - wir, die wir urteilen und sehr oft weder zu lieben noch zu teilen verstehen.

Wir müssen uns nicht schuldig fühlen, sondern klar anschauen, was wir sind, um diese jungen Menschen besser zu verstehen.«

Frage: Was ist die Ursache für Müdigkeit, und wie kann man sie vermeiden?

ER spricht:

»Wenn der Grund nicht in einem Mangel an Schlaf, Krankheit oder einer ungewohnten körperlichen Arbeit liegt, so wird die Müdigkeit durch den Kopf provoziert. Sie paßt in den präzisen Rahmen der an die Zeit gebundenen Vorstellungen. Zum Beispiel: Du arbeitest so hart, daß du gezwungenermaßen müde sein mußt. Der Gedanke übermittelt diese Botschaft dem Unterbewußtsein, und die Müdigkeit stellt sich ein. Oder ein anderes Beispiel: Du denkst, du wirst es nie schaffen. Das sofortige Resultat davon ist eine erdrückende Müdigkeit.

Dieser Zustand ist auch abhängig von Lust oder Unlust. Die Müdigkeit stellt sich wenig oder gar nicht ein, wenn du die Dinge mit Vergnügen tust. Im Mißvergnügen meldet sie sich rasch. Wenn du die Begriffe von Zwang und Unlust aus deinem Kopf entfernst und aufhörst, eine potentielle Arbeit in Zeit und Erstarrung einzuschließen, wird dich keine Müdigkeit befallen können. Wandle deine unangenehmen Pflichten in Entdeckungen um, schau sie anders an. Sieh sie mit einem lebendigen Blick, der sie verwandelt. Deine Handlungen haben keine andere Wichtigkeit für dich, als jene, die du ihnen zuschreibst. Die Zwänge werden durch deine Gedanken konstruiert. Handle ohne vorgefaßte Ideen, ohne deine Pläne in starre Konstruktionen einzuschließen. Übernimm keine

Aufgaben, die deine Fähigkeiten übersteigen. Der Streß ist eine nervöse und verschärfte Form von Müdigkeit. Ein Mechanismus von permanenter Atemlosigkeit und andauerndem Zwang stellt sich ein, und die Maschine läuft immer schneller, um sich schließlich ohne Grund um sich selbst zu drehen. Dann scheinen Pflicht oder Zwang das Hauptprinzip der Existenz zu sein.

Hör auf, dir Zwänge aufzuerlegen, und du wirst gleichzeitig aufhören, Macht über andere auszuüben. Denn wenn du ohne Freude handelst, sind deine Aktionen ein Vorwurf für jene, die um dich sind, und sie werden nicht umhin können, eine Abneigung gegen dich zu entwickeln, weil sie sich schuldig fühlen. Das ist ein in Familien häufig vorkommender Teufelskreis.

Letztlich entsprechen der Streß und die darin enthaltene Pflicht der direkten Machtausübung, und sie entwickeln bei dem, der sie erduldet, dasselbe Ressentiment.«

Frage: Ich fühle mich nicht in Harmonie mit meinem Körper. Diäten und Medikamente helfen mir nicht. Was muß ich tun?

ER spricht:

»Vergiß nicht, dich mit einem klaren Blick anzuschauen, der nichts ausläßt, das heißt, der alles lieb hat, was ein Teil von dir ist.

Es gibt etwas, das du nicht gesehen hast und das dich zerrüttet. Es wäre besser, wenn du es selbst entdecken könntest, denn du kannst das Resultat deiner eigenen Suche akzeptieren, aber nicht dasjenige, das dir von außen her aufgedrängt wird.

Beobachte zärtlich deine Kindheit, nimm sie in deine Arme und tritt in sie ein. Wenn du sie akzeptierst, indem du ihr dein Herz schenkst, wird sie dir den Schlüssel einer verborgenen Tür anvertrauen. Diese Kindheit enthält einen geheimen Knoten, den du mit deiner Ablehnung und deinen zurückgedrängten Tränen verdeckt hast.

Laß die letzten Fäden los, die dich noch im Wunsch nach Kontrolle zurückhalten, sowohl die Kontrolle der Ereignisse als auch diejenige des persönlichen Weges deiner Nächsten. Laß dich vom großen, freizügigen Strom des Lebens regenerieren, ohne dies oder jenes zu ‚wollen'. Wenn du dich davon mittragen lassen kannst, wirst du sehen, daß du selbst dieser freie und freudige Strom des Lebens bist, der alle Macht besitzt, weil er von nichts getrennt ist und sich in der absoluten Richtung der Entfaltung bewegt.

Dieses Loslassen, das sich in der Entspannung und in der Ruhe deiner Tiefen vollziehen kann, ist eines der Mittel, um deinem Körper Möglichkeiten der Erneuerung zu geben. So wirst du aufhören, dich selbst und andere durch ein Prisma hindurch zu sehen oder durch ein Gitter von persönlichen Ansichten, die du mit der Realität in Übereinstimmung bringen möchtest.

Es gibt nichts Spezielles zu tun oder zu entscheiden. Du bist das Leben in seiner Vollkommenheit. Hindere es nicht, sich nach seiner Phantasie abzuspielen. Dann wird es dir all seine Geheimnisse preisgeben, und du wirst für dich selbst und für andere zur Bewegung der gleichzeitig tätigen und universellen Schöpferkraft.«

Frage: Warum steht mein Leben nicht im Einklang mit dem, was ich wünsche? Ich fürchte, die Gelegenheiten meines Schicksals zu verfehlen.

ER spricht:

»Du riskierst auf keinen Fall, die Gelegenheiten deines Schicksals zu verfehlen. Sie entwickeln sich entsprechend deiner Transformation und spiegeln deinen akutellen Zustand wider. Wenn du zur Zeit niemandem begegnest, dann deshalb, weil du nicht bereit bist, dein Leben mit einem Partner zu teilen. Selbst wenn du dir dieser Situation nicht bewußt bist, so nimmt dein Unterbewußtsein deinen Zustand in den Tiefen auf. Mach dir also gar keine Sorgen. Es gibt etwas, das höher ist als du und dich leitet und dorthin führt, wo du sein mußt, selbst wenn dies manchmal schwierig und unerträglich scheint.

Deine Lebenswahl ist seit langem getroffen und erlaubt dir, dich durch Wechselfälle, die dich zu dir selbst führen, zu entwickeln. Für deine Arbeit ist ein analoger Prozeß im Gang. Du lehnst ab, was dir angeboten wird, weil du die Realität dessen, was ist, nicht ertragen kannst. Beobachte dich selbst und deinen Wunsch nach etwas anderem sehr aufmerksam: Bist du bereit für eine andere Arbeit, eine neue Wohnung voller Licht, für Reisen und Öffnungen in die Freiheit?

Wenn sich das, wovon du träumst, nicht realisiert, ist es die Angst, die noch ein Hindernis darstellt. Es ist also das Problem der Angst, das zuerst geregelt werden muß, danach das Problem der Bindungen. Wenn du innerlich die Angst ausmerzst, deine Rechnungen nicht bezahlen zu können, wirst du sie bezahlen können, weil deine innere Freiheit die Möglichkeit einer akzeptablen Arbeit schaffen wird oder ein Angebot, das du nicht erwartet hast. Wenn du in deinem verborgensten Innern spürst, daß du aus deiner Larve herausschlüpfen kannst, so kultiviere dieses Gefühl, laß es wachsen, bis es Wirklichkeit ist.

Nachdem du deine Probleme mit der Angst und den Bindungen in Ordnung gebracht hast, stell dir bildlich einen lichterfüllten Raum vor, wo du glücklich bist, zu leben. Stell dir dein Wohlbefinden auf allen Ebenen deiner selbst vor, sei es dank Reisen, einer Arbeit, einer Begegnung mit jemandem etc. Doch dafür muß dein Unterbewußtsein frei sein von der Vergangenheit, der Angst und allen alten, zu lange aufgehäuften Schlacken.

Vertraue deinen unsichtbaren Kräften. Sie schließen dich an ein anderes Universum an, dort, wo alles möglich ist.«

Frage: Steht die Schande im Zusammenhang mit der Lüge?

ER spricht:

»Die Schande entspringt immer einer Vorstellung, die man sich über das macht, was »sein sollte« in bezug auf sich selbst, die anderen oder ein Ereignis, unter dem man leidet. Wenn sie gespürt wird durch etwas, das man sich selbst vorlügt oder im Hinblick auf eine Haltung der anderen, die man wie eine Lüge empfindet, wird sie zu einer verdrängten Ungerechtigkeit. Die Ungerechtigkeit oder das, was eine solche zu sein scheint, ist etwas, das uns in unserem Leben ständig begleitet. Doch wenn die Wunde bleibt, wenn die erfahrene Ungerechtigkeit in ihrer Bedeutung nicht verstanden, entschleiert, vielleicht sogar sofort ausgesprochen werden konnte, so kann sich in der Psyche ein langsamer Verfall einstellen. Es ist also absolut nötig, den Ursprung der Ungerechtigkeit zu entziffern, damit sie keine negativen Folgen hinterläßt.

Die Schande existiert im Zusammenhang mit verschiedenen Ursachen. Sie hängt zum Beispiel von einem Tatbestand ab, der euch von außen her aufgedrängt wird und euer Ego angreift. Sie so früh wie möglich zum Ausdruck zu bringen erlöst euch in diesem Fall davon. Es ist auch möglich, daß sie durch ein Wort oder eine Handlung hervorgerufen wird, die man bedauert. Der Mut, klar auszudrücken, was man fühlt, klärt auch hier die Situation, weil man sich dann bewußt werden kann, bis zu welchem Grad das Ego in diese Art von Schande verwickelt ist.

In dem Fall, der dich beschäftigt, ist die zweideutige Haltung der anderen dir gegenüber wie eine Trennung von deiner tiefen Quelle empfunden worden, denn du hast weder etwas ausdrücken noch richtigstellen können. Dein zartes Alter erlaubte dir dies nicht. Diese oft wiederholte Situation hat ein Klima von Falschheit geschaffen, das dich von deiner ursprünglichen Quelle abgespalten hat. Das Ego ist natürlich auch damit verbunden, doch in einer Phase des Lebens, in der es wichtig ist, daß es sich entwickelt. Die in diesem Moment seiner Existenz erlittene Wunde provoziert dessen Irreleitung oder übermäßige Vergrößerung. Eine Verblendung stellt sich ein, sofern du dieses Klima der Kindheit nicht wiedererleben und überwinden kannst.

Die Tatsache, daß du diese Ereignisse und ihre Folgen wiederentdecken und sie für dich selbst mit einer absoluten Ehrlichkeit und in totaler Abwesenheit von Verurteilung klar ausdrücken kannst, wird dir erlauben, deine verlorene Quelle wiederzufinden.«

Frage: Was für eine neue Arbeit könnte ich beginnen?

ER spricht:

»Du fragst, ob du hier- oder dorthin gehen, die Arbeit, oder deinen Lebensstil verändern solltest. Aber deine Handlungen sind nichts anderes als der Reflex dessen, was du im Grunde deiner selbst bist. Du könntest also einen klaren Blick in deine Tiefen senden. Was ist der Sinn deiner Existenz? Warum stellen sich diese Fragen gerade jetzt? Bist du an einer Kreuzung, bei einer neuen Etappe, einem höheren Grad der Reife angelangt?

Tritt einen Augenblick lang in die Stille einer friedvollen Aufmerksamkeit ein. Sie wird dir erlauben, dich mit Liebe, Vertrauen und Klarheit anzuschauen. Suche, was wirklich wichtig ist für dich und auf welchem Gebiet du dir am sichersten begegnen könntest.

Du trägst in deinem Herzen ein Streben nach Teilen und bist des sozialen Erfolges überdrüssig. Du möchtest den inneren Reichtum, den du erhalten hast, weitergeben und in gleichem Maße für die anderen wie für dich selbst diese Leichtigkeit der Kommunikation gebrauchen, welche dich charakterisiert. Kurz gesagt, du möchtest deinen Horizont erweitern und aktiver teilnehmen an der Transformation, die auf Erden im Gange ist.

Du möchtest, daß deine Gaben nützlich sind und nicht ungebraucht bleiben, denn du weißt, daß du, indem du sie darbietest, die Fähigkeiten und den guten Willen aller freisetzt. Du spürst, daß in dir etwas schlummert, das ungenutzt ist. Es ist an der Zeit, diese verborgenen Schätze ans Licht zu bringen. Sei kühn und vertraue deinen unterschwelligen Kräften. Wenn du eine Richtung wählst, die dir wirklich entspricht, klärt sich ein wesentlicher Teil deiner selbst.

Du wirst sehen, daß sich gleichzeitig verschiedene Universen enthüllen können, und du könntest dich dabei überraschen, auf den unbekannten Wegen einer neuen Inspiration zu wandeln.«

Frage: Ich werde erdrückt von den materiellen Aufgaben und den Streitigkeiten, mit denen mich eine Vergangenheit konfrontiert, die mir sehr schwere Verpflichtungen hinterläßt. Ich fühle mich allein mit diesem Problem, denn die Personen, die mir meines Erachtens helfen müßten, tun es nicht.

ER spricht:

»Das Gewicht der Vergangenheit lastet auf deinen Schultern. Laß dich nicht erdrücken davon, es hat keine andere Realität als die, die du ihm zuschreibst. Gib diese Bürde ab, die dich stört, und fühle dich nicht schuldig. Es wird von dir nicht verlangt, die lästigen Arbeiten der ganzen Familie auf dich zu nehmen. Du schließt dich in der Pflicht ein und entwickelst dadurch einen Groll, denn du weißt sehr gut, daß die anderen davon profitieren werden. Du hast eine Sicht vom Leben, die es als große Last und voller Zwänge darstellt. Gib diese Sicht auf. Du bist frei. Natürlich hat man materielle Aufgaben zu erfüllen. Doch wenn du deinen Blick dafür änderst, können sie das Werkzeug deiner Entwicklung und der Maßstab deines inneren Erfolges werden. Öffne die andere Tür deiner Seele, die Tür, die du bisher nicht gesehen hast, und du wirst unbekannte Schätze entdecken. Das größte Geschenk, das man anderen und sich selbst machen kann, ist glücklich zu sein. Es ist so einfach, sich der Schönheit des Frühlings, dem Gefühl seines Schrittes auf der feuchten Erde, der Einheit des Lebens zu öffnen.

Nimm ruhig an, was du in deinem Dasein nicht ändern kannst. Es ist vielleicht eine vom Schicksal dargebotene Hand, um das Verständnis deines verborgenen Wesens zu vertiefen. Du wirst in dir selbst die Freude und einen unvorstellbaren Reichtum finden, doch dafür mußt du die Beziehungen der Abhängigkeit von den anderen gelöst haben. Es ist unwichtig, was sie sagen, denken oder tun. Entwickle in dir dieses Juwel, diese innere Freiheit, die es dir erlaubt, ganz zu leben und zu realisieren, daß alle Lasten eine Gelegenheit zu deiner Transformation sein können.

Wenn es dir möglich ist, wandle die Pflicht in Liebe um und erwarte von niemandem mehr etwas. Eine andere Lösung ist die, all deine Zwänge einem Bild zu übergeben, das höher ist als du. Wenn du empfänglich bist für das Göttliche, kann es sich über dir entleeren und dir gestatten, in deiner Ganzheit, ohne Angst und Schuld, zu existieren. Es wird dich zu den unvorstellbaren und freudvollen Landschaften führen, die sich deine Seele erhofft. So wirst du das Aufblühen und die Wohltaten einer neuen Geburt erleben.«

Frage: Meine Liebes-Beziehungen hinken. Was soll ich durch dieses Problem lernen?

ER spricht:

»Deine Liebes-Beziehungen sind noch nicht vollständig transparent. Du wirst von Partnern angezogen, die von dir verlangen, daß du dieses Problem in Ordnung bringst. Dies ist der Grund für das Auftauchen von Schwierigkeiten. Du möchtest eine ideale Beziehung, in der du deine ganze Freiheit behalten kannst. Doch in dieser Welt der Dualität ist der Kampf zwischen den Polen verschärft, wenn es sich um eine intime Beziehung handelt. Und genau hier ist es dir gegeben, sehr tiefe Knoten, die noch nicht entwirrt sind, ans Licht zu bringen.

Sehr resolute Personen versuchen, ohne dies zu wissen, dir eine gewisse Verschwommenheit in deiner Art, die Dinge zu sehen, auszutreiben. Sie fordern, natürlich unbewußt, daß du deine Orientierung präzisierst. Sie weisen dich also auf dich selbst zurück, damit du sehr klar ausdrückst, was du fühlst und willst, ohne den Versuch, klaren Entschlüssen auszuweichen. Deine Unklarheit und das Gefühl deiner Partnerinnen, dich nicht richtig fassen zu können, verstärkt bei ihnen ihren Machtwunsch über dich. Ihnen wird durch diese Situation die Gelegenheit gegeben, ihren Kontroll- und Dominierungsinstinkt zu erkennen und loszulassen. Wenn beide Partner bereit sind, klar in sich hineinzusehen, und sie dieses Spiel betrachten, das dank der Beziehung das Problem eines jeden ans Licht bringt, ist es möglich, eine andere Beziehung aufzubauen, in der man sich gegenseitig so akzeptiert, wie man ist. Es ist wichtig, den anderen in seiner Unvollkommenheit anzunehmen und ihn nicht verändern zu wollen. Gewöhnlich nimmt man leichter die Blindheit des anderen wahr und merkt nicht, daß sie auch in einem selbst vorhanden ist. Man ist gefangen in seinen Überzeugungen, und es ist sehr schwierig, daraus auszubrechen. Tatsächlich sind alle Arten, die Dinge zu sehen, gut, wenn man auch die Ansichten der anderen akzeptiert.

In einer Zweierbeziehung ist die Anpassung eine der schwierigsten Lektionen, die von uns verlangt werden, weil wir uns zudem am unvorhersehbaren Kleinkram des täglichen Lebens stoßen. Die Lösung eines Konflikts auf diesem Gebiet liegt nie auf der horizontalen Linie der Dualität. Sie kann nur gefunden werden, wenn wir unser Ego wenigstens momentan aufgeben, um auf eine andere Bewußtseinsebene zu gelangen.«

Frage: Muß ich die Möglichkeit einer neuen Partnerschaft in Betracht ziehen, oder habe ich die Lektionen, die mir diese Art von Beziehungen noch geben können, ausgeschöpft?

ER spricht:

»Wenn du noch an diese Art von Beziehungen denkst, so hast du deinen Wunsch, die Einheit in einer Zweierbeziehung zu finden, noch nicht erschöpft. Dieses legitime Verlangen kann dich auf die unvorhersehbaren Wege der göttlichen Liebe führen.

Bleib vollständig in deiner Erwartung. Weise sie nicht zurück, auch wenn sie dich ein wenig stört. Sie wird nicht verschwinden, indem du sie verneinst. Sieh, was sie dich lehren kann, benutze sie, um zu verstehen und auf deinem Weg voranzuschreiten. Erlaube ihr nicht, die Macht an sich zu reißen, dich zu spalten und am Leben zu hindern. Geh vollständig in dein Verlangen hinein, aber nicht in eine Suche nach dem Objekt dieses Verlangens. Wenn es dich über dich selbst aufgeklärt hat, wird es verschwinden. Danach wirst du entweder die Partnerin treffen, die dir entspricht, oder du wirst dich selbst treffen in diesem Lichtkern, der niemanden mehr nötig hat, weil er mit allen und allem verbunden ist.«

Frage: Ich suche ein Licht auf meiner künftigen beruflichen Laufbahn. Ich befinde mich an einer Wegbiegung, und die Angst quält mich.

ER spricht:

»Du irrst in einem formlosen Land, einem Haus ohne Fenster herum. Verschiebe deinen Standort, tritt aus dem mentalen Kreis heraus, der dich gefangenhält. Laß die Rauchschwaden abziehen, die deinen Kopf vernebeln.

Es ist wichtig für dich, deine Füße im Kontakt mit der Erde zu spüren, damit deine Wurzeln wieder zu leben beginnen und die Ganzheit deiner Person bewässern. Deine Aktivitäten werden dann ihre Unruhe verlieren und dir besser dienen.

Begib dich so oft wie möglich in tiefe Entspannung, um deine innere Stimme wiederzufinden. Sie ist es, die dich unfehlbar leiten kann. Laß die Ruhe über dich kommen, die allem Glück Raum schafft.

Die Handlung kann manchmal unbeweglich scheinen und dich von innen her verwandeln.

Du zeichnest dich aus in der Welt der Ideen und Worte, doch sind diese kraftlos, weil sie von einem abgetrennten Leben aufgeblasen werden und sich nicht in den Dienst deines ursprünglichen Wesens stellen. Sie spazieren in einer illusorischen Welt herum, die mit deinen wirklichen Bedürfnissen nicht in Kontakt steht.

Alle Arbeit, die dich mit einer konkreten Realität verbindet, ist deiner Entfaltung förderlich. Wache darüber, daß deine Ideen auf ein faßbares Resultat, auf eine praktische Verbesserung der Existenz hinsteuern. So wirst du nicht mehr abgetrennt, nicht mehr gespalten sein zwischen deinem Intellekt, deinem Körper und deinem Geist. Du wirst die unvorstellbaren Wege des Herzens wiederfinden, und der Tanz des Lebens wird für dich der Tanz des Universums sein.

Wenn du deine instinktiven Kräfte sammelst, die ungeheuer sind, sie wieder in den göttlichen Strom, das heißt in den Strom des Lebens integrierst, wirst du fähig sein, deine eigene Substanz zu verändern.

Dann wird sich dein Blick auf die Welt und dich selbst verwandeln, und du kannst dich dem Unbekannten, deiner neuen Laufbahn entgegenschwingen. Du kannst dir heute das Land, dem sie dich entgegenführt, nicht vorstellen. Es ist ein Land, das man nicht beschreiben kann, weil es, ebenso wie die Freude, die es ausstrahlt, immer neu ist.«

Frage: Wie kann ich mich einer konstanten Kontrolle entledigen, die mich am Leben und an der Entfaltung meiner Gaben hindert?

ER spricht:

»Die Kontrolle, die du über dich selbst ausübst und die dich daran hindert, frei zu atmen, entstammt einer sehr tief sitzenden Angst. Es gelingt dir noch nicht, dich so zu sehen, wie du bist, weil du dich streng verurteilst. Um deine Mechanismen wirklich zu kennen, ist es unumgänglich, jede Verurteilung fallenzulassen.

Die Lösung für dich liegt darin, dich lieb zu haben, so wie du bist, diese Kontrolle zu beobachten, mit ihr eins zu werden, sie vollständig wie einen Teil deiner selbst zu akzeptieren. Du nimmst sie in dich auf mit aller Zärtlichkeit, derer du fähig bist. In dieser Liebe kann sie nachlassen und dir die Angst zeigen, die sich hinter ihr versteckt.

Danach trittst du in diese Angst ein, ohne sie zurückzuweisen. Wenn du sie zähmen kannst, wirst du sehen, daß sie nicht so schrecklich ist. Unter anderem besteht sie auch in einer Abhängigkeit von der Meinung anderer über dich. Wenn du den Kern deiner Angst berührt hast, wirst du wirklich zu dir selbst finden. Du wirst den Grund für deine Barrikaden entdecken. Einzig die Liebe kann sie auflösen und die verschiedenen Teile von dir zusammenführen - die Liebe zu dir selbst genauso wie die Liebe zu anderen. (Es handelt sich hier nicht um die Ausstrahlungen des Egos). Du wirst dann lernen, dich zu akzeptieren, und nicht mehr so hohe Ansprüche an dich und andere stellen.

Wenn du dich dem öffnest, was du bist, ohne deinen Willen zu brauchen, um davor zu fliehen, wird in deinen Tiefen eine Verwandlung stattfinden.

Akzeptiere die Hilfe von dem Teil deiner selbst, der keine Macht verlangt, und laß dich davon erfüllen. Dieser Teil ist weder die mentale Vernunft noch der Intellekt noch der Wille. Er ist ein anderes Licht, das dich über das Bekannte hinausträgt. Es verbrennt alles, was dich hindert, und ‚schließt' dich wieder ›an‹.

In der Stille und Entspannung kannst du zu hören beginnen. Du wirst dann dieses ‚innere Wesen' und deinen wahren Reichtum kennenlernen. Darin wird deine Transformation geboren, denn in ihm gibt es keine Trennung mehr.

Du brauchst jeden Tag eine Zeit der Zurückgezogenheit außerhalb von Unruhe und Streß, um Bekanntschaft zu schließen mit der wunderbaren Welt, die du in dir trägst. Sie ist es, die das schönste Lied der Erde enthält und dir erlauben wird, es nicht nur durch die Stimme auszudrücken, sondern auch durch die Ereignisse und Bewegungen deines Lebens.«

Frage: Wer bin ich?

(Die Frage wird gestellt von jemandem, der zerrissen ist zwischen seiner sehr entwickelten rationalen Seite und seinen außergewöhnlichen Kräften als Heiler.)

ER spricht:

»Diese für jeden Menschen grundsätzliche Frage stellt sich ganz besonders für dich, denn du willst um keinen Preis den Ort deines Ursprungs anerkennen, an dem du vom universellen Bewußtsein noch nicht abgetrennt warst.

Und dennoch sind diese beiden Teile deiner selbst, die sich bekriegen, zwei Äste desselben Baumes.

Die Lösung für dich liegt darin, deine Wurzeln zu visualisieren. Schau im Moment nicht weiter als bis dahin. Steige wiederum hinunter in die Erde deiner Tiefen, wo du Frieden und Gelassenheit finden wirst. Wovor hast du Angst?

Nur indem du dich zu deinen Wurzeln hinunter begibst, kannst du eins werden und senkrecht wieder aufsteigen, den Sternen entgegen. Einzig auf diese Weise werden sich alle Äste deiner Persönlichkeit wieder versöhnen können.

Du lebst in einer lateralen Welt und bist in Kontakt mit den Krankheiten, der Furcht und den Ausdünstungen, die von den Menschen auf der Erde ausgehen. Du hast diese wunderbare Gabe, heilen und lindern zu können. Doch du vergißt die vertikale Ausrichtung, die es dir gestattet, die Macht dem zu übergeben, das größer ist als du.

In der Vertikalität findest du den Sinn deines Lebens, weil du in dieser Bewegung deine rationalen Fähigkeiten ebenso wie deine Gaben als visionärer Bote aussöhnen kannst.

Wenn du sagen kannst: Ich erlaube der LIEBE, mich und die anderen durch mich zu heilen, wirst du vollständig beschützt, verwandelt und ganz sein, weil in diesem Zustand kein Konflikt mehr existiert, denn in ihm gibt es keine persönliche Macht mehr.

Du fürchtest, die Kontrolle zu verlieren? Aber was bedeutet denn diese kleine Kontrolle? Wenn du am Lebensstrom teilhaben kannst, der überall auf Erden und anderswo fließt, hast du keine Kontrolle mehr nötig, weil du die Schöpferkraft bist. Wenn du Ereignisse schaffst, die dir Angst machen, leidest du unter deiner eigenen Macht, die Trennung verursacht.

Laß den befreienden Atem der Liebe bis zu dir durchdringen. Dann hast du keine Angst mehr, weder vor dem Wahnsinn noch vor dem Tod noch vor dem Leiden. Die Liebe entdeckt man in der tiefen Entspannung. In der Neutralität ist sie der universelle Strom, das ›Nicht-Getrenntsein‹.

Wenn deine Gaben über dich hinauswachsen, heißt dies, daß sie dir den Weg der Überwindung zeigen. Akzeptiere es, viel mehr zu sein als du bist und gleichzeitig nichts als das Instrument deiner eigenen Überwindung.

Deine eigene Überwindung anzunehmen heißt, die durch dein Ego beschränkte Macht hinzugeben. Es heißt auch, Zugang zu erhalten zu einer Welt des Wunderbaren, die dich unablässig verwandelt und dich einen freien und grenzenlosen Raum entdecken läßt.

Gestatte dir, wiedergeboren zu werden, denn es ist die Freude, die dich ruft.«

Frage: Was muß ich in meinem Leben tun?

ER spricht:

»Du möchtest konkrete Ratschläge, die praktisch sind, um das dir innewohnende Streben nach einem wahren Suchen des Absoluten zu verdecken. Glaube nicht, daß die praktische Welt oder dein Beruf mein Kommen verhindern können. Welches auch immer deine Arbeit oder deine Aktivitäten sind: Alle Türen sind geöffnet. Es gibt nirgends Schranken. Du schließt dich einfach ein in illusorischen Kreisen, um deine Angst zu bändigen. Eines Tages werden sich deine Augen öffnen, und du wirst dich fragen, wie sich die Offensichtlichkeit der Freude so lange Zeit hat verbergen können.

Du stößt dich unablässig an den Schwierigkeiten, die du selbst schaffst, um dich vor allem zu schützen, was dich zu einer bedrohlichen Welt, der Welt der Liebe, hinziehen könnte. Ihre Präsenz ist lästig, und es fehlt dir der Schlüssel, um sie ausdrücken zu können, weil sie dir in deiner Kindheit grausam gefehlt hat. Jetzt möchtest du sie kontrollieren, aber du kennst ihr Räderwerk nicht gut und fürchtest, von ihr verschlungen zu werden.

Wenn du dich rückhaltlos überfluten läßt, wenn du in dir die zahllosen Ströme des Mitgefühls fließen läßt, das deine wahre Natur ist, wirst du die grenzenlose Glückseligkeit derer kennen, die von der Angst frei sind, weil sie mich gefunden haben.

Du fragst mich, was es in deinem Leben zu ‚tun' gebe. Du fühlst dich im voraus schuldig für die Wahl, die du treffen könntest. Öffne die Hände dem, was dir Freude bereitet. Nimm das Leben im Augenblick an, so wie es sich darbietet. Welche Entscheidungen du auch immer triffst, sie führen dich unfehlbar dorthin, wo du beschlossen hast, mir zu begegnen. Du kennst mich gut und bist dir dessen seit langem bewußt.

Entdecke das Fenster, das du zu öffnen vergessen hast. Es gibt den Blick frei auf einen wunderbaren Garten in dir. In diesem Garten ist es so einfach zu lieben.«

Frage: Warum ist die katholische Kirche als gesellschaftliche Institution gegen die Suche nach anderen Bewußtseinsebenen?

ER spricht:

»Die katholische Kirche ist eine menschliche Organisation, ein Rückhalt für Personen, die eine etablierte Struktur brauchen, um sich darauf zu stützen. Sie stellt Dogmen und Gesetze auf, die man nicht in Frage stellen soll. Dies gibt ihr eine Macht, auf die sie nicht verzichten kann, es sei denn, sie gäbe ihre Existenz selbst auf. Die Suche nach neuen Bewußtseinsebenen erlaubt es den Menschen, sich von diesen Dogmen und Gesetzen zu entfernen, denn sie entdecken in sich selbst den persönlichen Weg, der sie zum Licht führt.

Wenn sie beschließen, sich nicht mehr auf diese etablierte Struktur zu stützen, finden sie eine neue Freiheit, die sie von allen von außen her aufgezwungenen Strukturen erlöst. Sie haben dann die Möglichkeit, ihr spirituelles Schema zu wählen, aber sie wissen, daß dies nur ein Schema ist, das - falls nötig - für ein anderes aufgegeben werden und die Wahrheit von heute als die Illusion von morgen offenbaren kann.

Dies gefällt der Kirche, deren Struktur auf starren Prinzipien basiert, absolut nicht. Sie verliert ihre Macht und hat keine anderen

Mittel, sich zu schützen, als den Bannstrahl und die Bedrohung, denn sie kann nicht wirklich aus ihrer Starrheit austreten, ohne zu zerfallen. Ihre Evolution muß sich mit extremer Langsamkeit vollziehen, und es ist sehr schwierig für sie zuzugeben, daß sie nicht der einzige Weg zu Gott ist.

Das heutige Suchen nach Gott ist eine beängstigende Öffnung, die ihr alle Kontrollmittel entzieht. Zudem läuft dieses Suchen Gefahr, daß sich viele ehrliche Sucher von ihr entfernen. Doch wenn sich der Pilger in seinem Lichtkern selbst begegnet, wird die Frage, ob er der Organisation einer Kirche angehört oder nicht, hinfällig. Sie hat keine Bedeutung mehr. Dieser Pilger ist sodann innerlich frei, trotz der Dogmen und Regeln, so wie er in allen Lebensumständen frei ist, weil ihn die göttliche Inspiration erleuchtet und beschützt.«

Frage: Warum habe ich einen Autounfall verursacht?

ER spricht:

»Der Unfall ist die Folge einer inneren Spannung, die sich nicht anders hat ausdrücken können.

Du hast eine dauernde Anstrengung gemacht, um zu verstecken, was du einer Situation gegenüber empfindest, mit der du nicht einverstanden bist, und die in dir steckt wie ein Dorn in deinem Fuß. Du marschierst trotzdem, aber es kommt der Moment, wo die Situation unerträglich wird, besonders wenn ein neues Ereignis das Problem wiederbelebt und verstärkt.

Du hast weder die Mittel, die Schwierigkeit direkt anzugehen, noch offenen Herzens darüber zu reden mit denen, die es betrifft. Deshalb installiert sich in dir ein Widerspruch auf der Ebene des Unbewußten. Du hast den Dampf nicht allmählich ablassen können, und der Unfall ist wie eine Explosion, die ihn auf einen Schlag freisetzt.

Wache darüber, dich so frei wie möglich zu äußern, so daß sich nicht Groll oder Mißbilligung in dir anhäufen. Dies befreit dich, aber es kann auch die anderen befreien, denn sie begreifen nicht immer den Grund des Schleiers, der eure Beziehung trübt.

Zu sagen, was dich stört, was dir zu ertragen schwerfällt, ist ein Schutz. Man kann sich immer mit Takt und Fingerspitzengefühl ausdrücken und den passenden Moment wählen. Laß nie das geringste ‚Nicht-Ausgesprochene' in dir vermodern. Offenbare, was du fühlst: deine Angst, deine Empörung, deine Wünsche. In diesem Zustand der Wahrheit und der Transparenz vermeidest du nicht nur Unfälle, sondern auch ein Unwohlsein im täglichen Leben. Dies bringt dich gleichzeitig der inneren Einheit und der ‚Essenz' deines Wesens näher, die wirklich der Ausdruck deiner selbst ist.«

Frage: Ich habe Angst vor der Zukunft. Was muß ich tun, um mich zu beruhigen?

ER spricht:

»Beunruhige dich nicht. Ich bin in dir die unendliche QUELLE und LIEBE. Verbreite sie um dich herum von Augenblick zu Augenblick, und sie wird dir zurückgegeben. Wenn du an die Zukunft denkst, so sieh sie wie einen Sturzbach aus Licht, der sich überall ergießt.

Öffne dich dem, was dir gegeben ist, und alles, was dir zustößt, wird gut sein. Du wirst sehen, daß die Ereignisse das Spiegelbild dessen sind, was du in dir trägst, und daß sie dir helfen, deinem ursprünglichen Wesen entgegenzugehen.

Nichts widersteht der LIEBE, und wenn du diese Quelle in dir sprühen läßt, wirst du vollständig beschützt sein.

In der LIEBE kann dich nichts Böses angreifen, weil du nicht ‚getrennt' bist. Das ganze Universum gehört dir, und du bist an nichts gebunden, weder materiell, emotional, intellektuell noch spirituell. Was nicht heißen will, daß ‚Güter' zurückgewiesen werden müssen, im Gegenteil: Koste vollständig jeden Tag alles aus, was dir das Leben bringt, aber fixiere dich auf nichts. Bleib für die Freude offen, ganz egal, wie die Umstände sind. Höre ruhig auf deine innere Stimme, sie wird dich am sichersten führen. Um sie zu hören, sieh klar in dich hinein, ohne dich zu verurteilen und ohne auch nur einen einzigen Winkel oder Schrank zu vergessen, in dem deine Gespenster versteckt sind. So wirst du neue Kräfte und ein klares Bewußtsein dessen, was du zu tun hast, entdecken.

Ich verlasse dich nie und bin vollkommen gegenwärtig für dich allein, denn ich bin die Einheit in deinem Herzen, und meine LIEBE für dich ist absolut.«

Frage: Was bedeutet die Psychoanalyse, und hat sie einen Nutzen?

ER spricht:

»Die Psychoanalyse hat ihren Nutzen, aber sie regelt nicht alle Schwierigkeiten. Sie ist ein Anfang, ein erster Durchbruch zur Kenntnis seiner selbst, doch führt sie oft zur Versuchung, sich in ihr zu verlieren. Dank der Psychoanalyse konnten gewisse Tabus gesprengt werden. Bei vielen Menschen bildeten diese Tabus den Grund für Wahnsinn oder Selbstzerstörung. Zu den besten Merkmalen der Psychoanalyse gehören ein neutrales Zuhören und neutrale Annäherung ohne Urteil. Dies kann der leidenden Person den nötigen Raum zu einem neuen Verständnis ihrer selbst geben.

Die kommenden Zeiten werden eine andere Form der Therapie entwickeln. Sie wird nicht einzig auf der Analyse des Verhaltens basieren. Sie wird sich nicht auf ein Detail der Persönlichkeit wesentlicher konzentrieren als auf ein anderes. Sie wird in einer ausgedehnteren Wirklichkeit enthalten sein und den Kranken zu einer Integration der ‚menschlichen Natur' in ihrer Gesamtheit oder sogar zur Natur auf universeller Ebene hinführen. Diese neue Form von Therapie wird den Suchenden dabei unterstützen, sich wieder in den generellen Strom des Lebens einzugliedern. Sie wird nicht nur den Kranken, sondern auch allen sogenannten normalen Personen helfen, ihre Echtheit und ihren Platz in dieser Welt zu finden.

Jedesmal, wenn ein Mensch seine Bestimmung und sein Glück findet, hilft er anderen, dasselbe zu tun. Es ist wie bei einem Puzzle, wo jeder Teil, der an seinen Platz gelangt, die Zusammenstellung des ganzen Bildes erleichtert.«

Frage: Ist Ehrgeiz notwendig, um sein Leben zu realisieren? Wenn nicht, wie soll man diese Energie gebrauchen?

ER spricht:

»Für viele Menschen ist Ehrgeiz eine Antriebskraft, die ihnen erlaubt, sich auf der Ebene der Dualität vollständig zu realisieren. Der Ehrgeiz, Erfolg zu haben, sich auszudrücken, Geld zu verdienen etc., drängt die Mehrzahl von uns, sich anzustrengen, und wenn man jung ist, ist es selten, daß man nicht mehr oder weniger von ihm angespornt wird. Es sollte gar kein Urteil in bezug auf den Ehrgeiz gefällt werden. Doch wenn sich das tiefe Wesen für ein anderes Ziel öffnet als das der Macht, des Geldes oder des Erfolgs, so hat der Ehrgeiz keine Existenzgrundlage mehr. In diesem Falle stellt er eher einen Bremsklotz dar, denn alle Begierden des Egos sind ein Hindernis auf dem Weg der Evolution, besonders wenn sie nicht klar gesehen werden. Personen, die behaupten, sich auf einem geistigen Weg zu befinden, sind sich nicht bewußt, daß dieser Weg selbst manchmal insgeheim wie ein Besitz oder eine Macht begehrt wird. Es genügt festzustellen, bis zu welchem Grad überreizte Rivalitäten in der Umgebung gewisser ‚Meister' vorherrschen. Dies erlaubt jedem, sich seiner Gier bewußt zu werden.

Auf der horizontalen Ebene der Dualität gibt es Mittel, diese Energien anders zu benutzen, indem sie in den Dienst an der Allgemeinheit gestellt werden. Ich habe zum Beispiel den Ehrgeiz, Geld zu verdienen mit dem Ziel, nicht nur mir selbst, sondern auch denen, die um mich sind, Freude zu bereiten oder mein Geld wie eine Wohltat an die ganze Menschheit zu verteilen. Geld, auf diese Weise gesehen, löst nicht mehr die Idee des Abscheus (Geld ist schmutzig), der Heimlichtuerei (ich schäme mich, es zu haben) oder des Schuldgefühls aus. Es wird ein Mittel, um Liebe weiterzugeben.

Derselbe Prozeß kann mit dem Ehrgeiz nach Erfolg oder Stärke stattfinden: Warum sich nicht des Erfolges freuen, indem man dem Planeten dient?

Die Wachsamkeit in bezug auf den Ehrgeiz bleibt in jedem Fall nötig, weil er nicht vom Ego und dem Wunsch nach Macht getrennt ist. Auf dem Weg zum Licht übergeben wir allmählich die Macht dem, das größer ist als wir. Um dieses Jenseits unserer selbst zu finden, diese Öffnung, die zum ‚göttlichen Raum' führt, hat man derartiges Gepäck nicht mehr nötig. Der Ehrgeiz kann sich dann gleichzeitig mit der Angst und der Schuld in der friedlichen Realisierung eines erfüllten Lebens auflösen.

Das Leben konfrontiert uns mit Hindernissen und erteilt uns Lehren durch das, was wir sind. Es scheint, daß wir dies nicht vermeiden können. Ein fortgeschrittenes Alter begünstigt das Loslassen, vor allem, wenn die Etappen des Lebens angenommen und verstanden sind und sich wieder vereinigt haben im Schmelztiegel der Intelligenz und des Herzens.«

Frage: Welche Bedeutung haben die moralischen Regeln, und gibt es Fälle, in denen es möglich ist, darauf zu verzichten?

ER spricht:

»Die Moral ist für die Mehrheit unter uns, im täglichen Leben, sehr nützlich, solange der ‚innere Führer' noch nicht gefunden worden ist, das heißt, solange wir noch nicht in Kontakt stehen mit der verborgenen Realität, die unser wirkliches Selbst ist. Die einer religiösen Ordnung entspringenden Sozialregeln bilden heute noch, wenigstens dem Anschein nach, den Zusammenhalt unserer Strukturen. In Wirklichkeit werden sie in den meisten Situationen unseres Lebens nur mit Worten respektiert.

Das Problem ist also die Lüge, denn sie versteckt sich hinter den Regeln und zerstört das Fundament einer Moral, die legitim sein könnte. Der Gebrauch, den man von der Moral macht, ist oft nichts anderes als ein Bollwerk zum Schutz der Heuchelei.

Wenn du falsche Tatsachen vorspiegelst (das heißt, etwas anderes zu sagen als zu tun etc.), erhöht sich die Spaltung und du entfernst dich von der LIEBE, die EINHEIT ist.

Fasse den Mut einzutreten in das, was du bist, und deine Wanderung von deiner Basisrealität aus zu beginnen. Andernfalls vergrößert sich der Abstand zwischen dir und deiner Realität zusehends, und du kannst nicht begreifen, weshalb sich die Gitterstäbe deines Gefängnisses verengen.

Nichts kann sich verändern, wenn du nicht gesehen, verstanden und akzeptiert hast, was in dir ist. Wenn du diese Ausgangswahrheit nicht sehen willst, ist ein auf deine Blindheit aufgeklebter Moralkodex nichts als eine Parodie und verhindert die geistige Öffnung. Viele von uns leben auf diese Weise, denn es erlaubt ein annehmbares Sozialverhalten. Du stützt dich dabei auf Regeln, die dich bestärken, jedoch dein Grundproblem nicht lösen.

Wenn die Aufrichtigkeit auf alle Ebenen des Wesens angewandt wird, wenn sie in die verborgensten Winkel dringt, hast du keine von außen her aufgezwungene Moral mehr nötig, und deine persönliche Ethik tritt an ihre Stelle. Dann wird die Öffnung möglich. Sie erlaubt es dir, mit deiner Essenz in Kontakt zu treten, mit diesem göttlichen Funken, der dich mit dir selbst, den anderen und dem Universum verbindet. Du entdeckst eine neue Erde, wo die LIEBE Wurzeln faßt und in der Sonne einer wahrhaftigen Freiheit blühen kann, weil du die Bewußtseinsebene gewechselt hast.«

Frage: Ich tue zu viele Dinge auf einmal und entferne mich zunehmend von mir selbst. Wie kann ich diese Beschleunigung stoppen?

ER spricht:

»Nicht, was du ›tust‹, ist in diesem Moment wichtig, denn deine Handlungen entstammen einem wachsenden Streß, der dich von dir selbst trennt. Wo immer möglich, halte ein und finde deinen Rhythmus und deine Ruhe wieder.

Wenn du dich in zu vielen Beschäftigungen verlierst, macht dir nichts mehr Freude. Gönne dir das Geschenk des Glücklichseins in den kleinsten Ereignissen deines täglichen Lebens, und du wirst deine Probleme in der Sonne deiner Freude ruhig schmelzen sehen. Verlangsame jede Geste, erlaube ihr, sich zu vollenden und zu verlängern in der Welt des Lichts, die ein anderes Gesicht unserer Welt ist.

Jedesmal, wenn du in Streß oder Aufregung bist, verlierst du deine Seele und die Möglichkeit, dich zu ›verbinden‹ mit dem göttlichen Lächeln, das dein Schicksal verwandelt. Fälle kein Urteil über dich selbst, denn das Urteil spaltet dich und verhindert die LIEBE. Es wird nichts anderes von dir verlangt, als zu leben und glücklich zu sein, denn dein Glück ist ein Geschenk für dich, aber auch für diejenigen, die um dich sind. Es breitet sich aus, ohne daß du dir dessen bewußt bist. Es ist einfach und wunderbar, am Leben zu sein, wenn du keine Berge von Regeln und Hindernissen aufbaust.

Du bist weder verpflichtet, so viele Dinge zu tun noch so viele Leute zu empfangen. Vergiß all diese Aufregung, die dich von deiner Quelle trennt. Nimm dir Zeit zur Süße und zum Wohlsein. Sie sind deine besten Führer.«

Frage: Wie soll man im Leben Entscheidungen treffen?

ER spricht:

»Wir haben in jedem Augenblick des Lebens eine Wahl zu treffen, und oft tun wir dies, ohne uns dessen bewußt zu sein. Doch wenn wir auf unserem Lebensweg an eine wichtige Kreuzung gelangen, ist manchmal der Instinkt geschwächt, und unser Gehirn übernimmt die Entscheidung.

Wir wägen das Für und das Wider ab, gehen von einer Lösung zur anderen über, indem wir die positiven und negativen Elemente addieren. Diese üblicherweise angewandte Methode ist nicht immer die beste, wenn ein lebenswichtiges Engagement auf dem Spiel steht, denn die Wahl wird auf einer oberflächlichen Ebene getroffen.

Die tiefen Beweggründe des inneren Wesens befinden sich nicht im Raum des Mentalen und der Vernunft. Die Vernunft kann als Hilfe benutzt werden, doch werden die wichtigen Entscheidungen mit Hilfe anderer Fähigkeiten getroffen, wenn sie mit einer ›richtigen‹ Orientierung übereinstimmen. Was eine Person zu einer bestimmten Zeit als ihre Wahrheit ansieht, entspricht dann genau der getroffenen Wahl.

Welche Fähigkeiten sind es, die uns bei unserer Wahl helfen können? Sie werden entdeckt in der Entspannung von Körper und

Geist, wenn die Parasiten eines aufgeregten Lebens eliminiert sind. In diesem Ruhezustand ist es möglich, in seinem Innern eine Strömung wiederzufinden, die uns in Verbindung bringt mit einer ‚inneren Stille', die der beste Ratgeber ist.

Du fragst dich, ob du die Arbeit wechseln, eine Beziehung beginnen oder abbrechen, auswandern sollst usw. Lebe während einiger Tage mit der Frage, die du dir stellst, ohne dich daran zu klammern und ohne die Art von Unruhe, die dich hindert, sie in dir atmen zu lassen.

Indem du die Frage ruhig reifen läßt, wird dir die Antwort gegeben. Sie wird dir plötzlich auf klare Weise erscheinen, weil du dein Problem dem anvertraut hast, was über dir steht und nicht dein Ego ist. Das ist, als wenn du den Mechanismus der gewohnten Nervosität stoppen würdest, um dich an andere Kräfte zu wenden. Diese Kräfte werden dich nie verraten, denn sie sind die Essenz deiner selbst und wissen, was richtig ist für dich.«

Frage: Warum kehrt sich die Situation des Opfers so oft in die des Henkers um?

Warum sucht sich das zum Henker gewordene Opfer ein anderes Opfer aus, statt sich mit seinem eigenen Henker zu konfrontieren?

Wie kann man diese verhängnisvolle Kettenreaktion stoppen?

ER spricht:

»Das Opfer wird sehr oft zum Henker, weil diese beiden Situationen völlig miteinander verbunden sind. Wo kein Opfer ist, ist auch kein Henker und umgekehrt.

In jedem Henker steckt ein ehemaliges oder potentielles Opfer. Diese beiden Rollen sind das Resultat derselben Verirrung. Wenn man einwilligt, Opfer zu sein, ist unbewußt unsere Einwilligung, Henker zu sein, darin inbegriffen. Die einzige Methode, diese höllischen Verkettungen zu lösen, ist vorerst, sich ihrer bewußt zu werden.

In den Konzentrationslagern haben die Nazihenker den Horror so weit getrieben, diese in jedem von uns mehr oder weniger latente Tendenz in eine Institution zu verwandeln, und zwar im Namen einer Ideologie. In diesem Fall ist die Perversion verdoppelt, denn die Ideologie gibt eine Art von Freipaß, der an das Unterbewußtsein weitergeleitet wird. Dieses erteilt sodann sadistischen Handlungen eine falsche Legitimität.

Das zum Henker gewordene Opfer wählt sich selten seinen Henker zum Opfer, außer in gewissen Fällen, wo die Rache sorgfältig kultiviert wird. Generell hat das Opfer keine andere Zuflucht, als sich an einem Schwächeren zu rächen oder an jemandem, der dazu geeignet ist, seine Macht zu erdulden. Der Fall des Polizisten, der seine Macht mißbraucht, weil er Eheschwierigkeiten hat, ist wohlbekannt.

Um diese verhängnisvolle Verkettung - Opfer - Henker - Opfer etc. - anzuhalten, ist es absolut notwendig, den Prozeß in sich selbst klar zu verstehen und dessen definitive Beendigung zu beschließen. Die klare Vision dessen, was wir sind, auch wenn die ‚Vorstellung' nicht angenehm ist, erlaubt uns, diesen höllischen Verlauf der Dinge zu stoppen.

Auf einer allgemeineren Ebene und in relativ harmlosen täglichen Situationen sind wir Zeuge derselben Machtbeziehungen. Wir sind uns unserer kleinen täglichen Sadismen nicht immer bewußt, doch können wir dieses Problem durch eine neutrale und ehrliche Betrachtung in uns in Ordnung bringen, die es ermöglicht, diese Perversion auf radikale Weise aufzulösen. Strenge und Ehrlichkeit sich selbst gegenüber sind wie immer unsere sichersten Mittel, unsere Mechanismen zu entdecken und uns darauf vorzubereiten, unser Verhalten zu ändern.

Entgegen der Vorstellung vieler Leute ist es möglich, aus Machtbeziehungen auszusteigen. Aber die Tür befindet sich in uns; sie öffnet sich zu einer anderen Bewußtseinsebene hin. Auf dieser anderen Ebene verschwinden die Machtbeziehungen, weil sich das Ego dort auf seinen einfachsten Ausdruck reduziert. Es hat es nicht mehr nötig, sich in seiner Wichtigkeit aufzublasen, weil sich das Selbst entwickelt. Das Selbst hat es nie nötig, sich aufzuwerten; es ist die Essenz des Lebens und dessen, was wir sind. Das Selbst oder wenn man will, das Göttliche in uns, ist der Teil des Lichtes, der alle Probleme lösen kann.Wir dürfen ihm vertrauen, ganz egal, was für Schwierigkeiten wir haben. Doch damit das Selbst wirklich wachsen kann, ist es notwendig, Kontakt mit ihm aufzunehmen, ohne irgendein Urteil über die Machenschaften unseres Egos zu fällen. Dies ist eine Arbeit, die jeden Augenblick geleistet werden muß und ein ganzes Leben füllen kann.«

Frage: Welche Bedeutung hat das Verzeihen, und welche Auswirkung kann es auf unsere körperliche und moralische Gesundheit haben?

ER spricht:

»Zu verzeihen heißt, sich zu befreien vom Groll und allem, was die Liebe daran hindert, frei zu zirkulieren.

Das Verzeihen ist ein Geschenk, das man sich selbst macht. Es ist ein Geschenk der Heilung auf dem Niveau des Gemütes, und als Folge davon sehr oft auch auf körperlicher Ebene. Indem du zuerst dir selbst verzeihst, beseitigst du das Schuldbewußtsein, das größte Hindernis für die Geburt der Freude.

Danach wird es einfacher, den anderen zu verzeihen.

Wenn die Vergebung aufrichtig und vollständig ist, führt sie ganz sachte zu einem neuen Verständnis. Du merkst, daß die Vergebung keine Existenzgrundlage mehr hat, wenn es keine Verurteilung gibt. Wenn du jeder Verurteilung entsagen kannst, näherst du dich der Einheit. Damit erlaubst du einem der Hauptgründe des Leidens zu verschwinden.

Du läßt also die Strukturen einer starren Denkweise platzen, eine Denkweise, die oft einem moralischem Zwang entstammt und nicht deiner tiefen Quelle, welche die LIEBE ist.

Indem du diese Arbeit an dir selbst leistest, entlastest du die Erde von einem Gewicht des Hasses und der Negativität. Wie kannst du dich über die anderen beklagen, die sich umbringen und bekriegen, solange du dich nicht selbst von deinen Gedanken der Gewalt, der Macht, des Hasses oder der Besitzlust befreit hast?

Du bist dir der Tatsache nicht wirklich bewußt, daß das kollektive Denken eine augenblickliche Auswirkung hat auf die materielle Realität dessen, was sich auf Erden abspielt.

Die Negativmeldungen, die uns täglich aus Radio und Fernsehen entgegenschlagen, führen zu einem heimtückischen und katastrophalen Zerfall unserer psychischen Kräfte. Er bezieht sich auf alles, was uns entzweit. Er entwickelt unsere Gier, unsere Frustration und zeigt unseren traurigsten und deprimierendsten Aspekt, dies im größten Teil der Fälle, trotz einiger Versuche der positiven Darstellung von uns selbst.

Wir müssen die Widerspiegelung dessen ändern, was wir in diesem Moment sind, indem wir mit einer Umwandlung unserer Art zu denken, zu leben und zu lieben beginnen. Wenn wir uns verschlingen lassen von den Bildern, die uns von den Massenmedien entgegengehalten werden, unterdrücken wir unwiderruflich jede Möglichkeit der Harmonie und des Glücks auf Erden. Jeder von uns ist verantwortlich für die Ereignisse, die unsere Welt entstellen. Das Verzeihen ist der Anfang eines Weges, der sich erhellt. Es trägt die Möglichkeit eines unvorstellbaren Glücks in sich, das Geheimnis eines neuen Gleichgewichts.

Es ist tröstlich zu denken, daß wir alle die Mittel besitzen, uns umzuwandeln, und so zur Rettung und Heilung einer kranken Erde beitragen können.«

Sexualität

Frage: Was hindert mich daran, mich sexuell frei auszudrücken?

ER spricht:

»Du hast begriffen, daß du, wenn du von deiner Sexualität Kenntnis nimmst und sie blühen läßt, eine andere Reise antreten kannst, nämlich die Reise des Aufspürens des Lebens in dir. Indem du dich in den Tiefen von der engstirnigen Moral befreist, die du seit deiner Kindheit einatmest, und voller Glück in die Quelle dessen eintauchst, was du bist, das heißt in dieses göttliche Pulsieren, kannst du mit dem Gesang des Lebens verschmelzen und ihn in seiner Fülle und seinen Nuancen ausdrücken.

Laß die Kraft aufsteigen, die schreit, statt in ihrer Schönheit akzeptiert zu werden, weil sie erstickt und fehlgeleitet ist, so als trüge schon allein das Wort Sexualität Teufelshörner. Die Verbote und Regeln, geboren aus der Angst und dem Zwang der Religionen, hindern dich daran, dich der Liebe zu öffnen.

Ohne akzeptierte Sexualität ist die Liebe falsch und fließt nicht durch ihre Wurzeln. Sogar die göttliche Liebe kann ohne Sexualität nicht existieren. Sie ist dann nur Illusion oder Wahngebilde. Der Begriff von Unreinheit, der diesem Wort gewöhnlich anhängt, ist eine Verirrung, durch die sich Heimlichtuerei, Wahngebilde und Schuld entwickeln. Jeder Begriff von Unreinheit entfesselt übrigens diesen Mechanismus.

Wenn du die Schönheit und Reinheit dieser Stoßkraft entdeckst, die dich vollständig erfüllen wird, wirst du ohne Fesseln singen können, im Einklang mit dir selbst und der Freude des Ursprungs des Lebens.«

Frage: Wie kann ich eine bessere Harmonie mit mir selbst finden?

ER spricht:

»Du hast die Verbindung mit der Liebe verloren. Du kannst sie wiederfinden durch die Sexualität, wenn du dich ohne zu kontrollieren darin verlierst bis zur Basis des ursprünglichen Jubels. Sie kann der Schmelztiegel deiner Transformation sein, wenn sie nicht Macht- oder Verführungswunsch ist. Dein Körper ist voller Tränen, die von dir in deiner Kindheit erstickt worden sind. Tauche ein in diese Tränen, um sie anzuerkennen und zu lieben. Liebe, was dir zustößt, liebe deine Vergangenheit, deine Gegenwart und deine Zukunft ohne Angst vor dem Leiden oder davor, nicht verstanden zu werden. Laß die Strukturen los, die dich daran hindern, das Herz dessen, was du wirklich bist, zu finden, nämlich dieses Aufblühen der Liebe, wenn sie nicht mehr abgetrennt ist, sondern das Leben selbst ausdrückt.

Die lebendigen Kräfte werden in dir zurückgehalten durch eine Art mentale Rinde, die dich vor der Außenwelt schützt. Doch hindert dich genau dieser Schutz daran, dich einer neuen Freude zu öffnen. Wenn du akzeptierst, nur das zu sein, was du bist, nichts anderes mehr zu sein als die Tränen, die du nicht gewollt hast, so wird diese Rinde aufbrechen, die dich von dir selbst und den andern trennt.

In diesem Akzeptieren wirst du die Transparenz und die Fluidität wiederfinden, die es dir erlauben, dich im ständig neuen Strom der Kreativität zu bewegen. Deine schöpferische Kraft ist unermeßlich und wird in der Sexualität geboren. Doch kann sie sich in ihrer Kontinuität und ihrem Überfluß nur manifestieren, wenn sie anders gelebt wird. Wenn die Umwandlung durch die Wurzel erfolgt, findest du den Kontakt mit den ursprünglichen Kräften der göttlichen oder unendlichen Liebe wieder, was auf dasselbe herauskommt, wenn du dir der Einheit bewußt bist.«

Frage: Ist es möglich, das Erlebnis des Absoluten in einer Zweierbeziehung zu erfahren? Und kann es eine Beziehung zwischen dieser Erfahrung und der Sexualität geben?

ER spricht:

»Die Erfahrung des Absoluten ist allgegenwärtig, da wir selbst das Absolute sind. Jeder Zustand oder jedes Ereignis unseres Lebens kann uns erlauben, uns in ‚gelebten' Kontakt zu setzen mit dieser Tatsache. Doch erleichtern gewisse ursprüngliche Bestrebungen unserer Existenz die Erfahrung der Einheit.

Man könnte sagen, daß die Hochzeit zwischen Himmel und Erde möglich ist, wenn das Wesen seine universelle Dimension, seine Vereinigung mit dem Göttlichen wiederfindet.

Komischerweise verhindern es oft die Religionen mit ihren Verboten, Gott zu finden. Der Grund dafür ist das Schuldbewußtsein, das in Bezug auf die Instinkte und den Körper sozusagen fast gelehrt wird. Wenn das Aufsteigen der Lebenskraft verschmutzt wird durch Gedanken von Schuld, durch Heimlichtuerei fehlgeleitet und von den Bewegungen der Seele getrennt wird, ist eine Spaltung zwischen Körper und Geist unvermeidlich. Wie soll man so die Erfahrung der Ganzheit leben können? Wir sind imprägniert durch diese Erziehung, die seit so vielen Jahrhunderten auf uns lastet, und es ist recht schwierig, die Vorstellungen von Fehlern und Verboten, die wir seit unserer Kindheit kultivieren, zum Schweigen zu bringen.

Wenn der sexuelle Elan verurteilt, versteckt oder unterdrückt wird, verleugnen wir einen wichtigen Teil von uns selbst. Wir versagen uns ein Mittel zur Evolution, denn wenn diese Energie akzeptiert, gelebt und überwunden wird, kann sie uns neue Möglichkeiten zur Transformation schenken. Sie kann auch den Zugang freilegen zu einer anderen Schau, zu einem bis heute in unserem Leben ignorierten Überfluß.

Wegen ihrer Engstirnigkeit und einer unsinnigen Angst haben die Menschen die lebendigen Kräfte ihrer instinktiven Natur irregeleitet, um sie im Geheimnis, in den Tabus und im Unglück einzuschließen.

Alles kann einfach und heilig sein in der menschlichen Natur. Ein erstarrtes Denken verschmutzt, entstellt und läßt die natürliche Bewegung des Lebens verwesen. Es schließt die Existenz in Regeln ein und will kontrollieren, was über sie hinauswächst.

Der sexuelle Elan, diese ursprüngliche Kraft, kann uns zu uns selbst, das heißt, zum Göttlichen führen, wenn er frei und in voller Klarheit blüht.

Die unvermeidliche Reaktion unserer Epoche ist der Sittenverfall. Dieser Verfall ist ebenfalls eine Trennung von unseren Wurzeln und lenkt die Sexualität von ihren Möglichkeiten ab, eine andere Wirklichkeitsebene zu erreichen.

In einer menschlichen Partnerschaft ist die ‚Hochzeit zwischen Himmel und Erde' sehr selten, weil das menschliche Paar in der gegenseitigen Bindung steht. Die auf den Erwartungen des Egos basierende Bindung ist ein Hindernis für die LIEBE. Die Beziehung ‚Macht - Unterwerfung' oder ‚Sicherheit - Angst - Verpflichtung' verhindert die zur Entdeckung des Raumes der Einheit nötige Freiheit. Doch wenn sich die Partner nicht auf die Idee fixieren, der andere sollte anders sein, wenn sie sich parallel und ohne Zwänge entwickeln, können sie in sich selbst und im anderen eine neue Identität und Autonomie entdecken.

Nur wenn sich zwei Menschen gegenseitig so akzeptieren können, wie sie sind, ist die Hochzeit zwischen Himmel und Erde möglich. Eine solche Vereinigung öffnet sich dem Unendlichen, und zwischen der göttlichen Dimension und der menschlichen Liebe besteht kein Unterschied mehr.«

Frage: Ich fühle mich als Opfer des Schicksals und weiß nicht, wie ich meine Probleme lösen soll, unter anderem das Problem einer Sexualität, die ich nicht akzeptieren kann. Was tun?

ER spricht:

»Glaubst du, daß das Schicksal existiert? Wenn du daran glaubst, existiert es. Wenn du nicht daran glaubst, hast du alles in der Hand, um deine Probleme in Ordnung zu bringen.

Fasse den Mut, ins Reservoir zu schauen, wo du die Tränen, die Frustration und Tabus deiner Kindheit eingeschlossen hast. Fasse den Mut, ‚eins' zu werden mit deinen Impulsen, welcher Art sie auch seien. Dies ist die einzige Art, sie zu entschärfen, zum Beispiel in bezug auf den Haß, die Eifersucht oder andere schwer zu ertragende Gefühle.

Des Urteils wegen, das du über dich fällst, hast du alles begraben, was du zurückweist. Doch mit welchem Recht entscheidest du: dies ist gut, das ist schlecht? Es hat sich in dir etwas einschließen lassen in die Regeln einer Moral, die die Scheinheiligkeit und die Ablehnung dessen, was ist, befürwortet. Schau sehr klar und ohne Urteil an, was sich in dir abspielt. Versöhne dich mit der Ganzheit deiner selbst. Du kannst deine Transformation nur beginnen, indem du von der Erkenntnis deiner Wahrheit ausgehst.

Die Sexualität ist ein Teil dieser Wahrheit, die du zurückweist. Du kultivierst ein Ideal und akzeptierst das, was sich davon entfernt, nicht. Doch weil du das Terrain nicht so hast annehmen können, wie es war, bevor du es bearbeitet hast, kann sich die Transformation nicht vollziehen, und der Körper reflektiert im

Unbewußten das, was du zurückstößt. Dies ist, als wenn du hartnäckig einige Zentimeter über dem Boden in die Luft hacken würdest. Lebe deine Sexualität so, wie sie sich darbietet, ohne jedes Schuldgefühl.

Du wirst sehen, daß sie die Kraft der Liebe ist, der Wunsch nach Vereinigung, nach Ergänzung, der Wunsch, sich in der Einheit mit dem anderen zu verlieren. Diese Kraft läßt sich nicht beherrschen, besonders nicht, wenn du sie ablehnst. Sie ist schön und rein und kann uns zu uns selbst und zum Göttlichen führen.

Indem du deine Tabus wenigstens in den mentalen Bildern überschreitest, die du konstruierst, wirst du die Freiheit und die unbändige Freude, den ewigen Tanz des Lebens finden. Diese Lebenskraft, die in dir aufsteigt, muß erkannt und geliebt werden, bevor du sie transzendieren kannst. Die Lüge ist ein vermintes Terrain, auf das du nichts aufbauen kannst.«

Frage: Warum bin ich von meiner Sexualität abgeschnitten?

ER spricht:

»Eine engstirnige weltliche oder religiöse Erziehung, die Schuld einimpft, lähmt die Mehrzahl derer, die ein gewisses Alter erreichen. Die den Körper betreffenden Verbote und Tabus sind von den Religionen ermutigt und entwickelt worden und haben die Stimmung und die Sitten bis zur vollständigen Trübung unserer Instinkte imprägniert, um aus der Sexualität ›Die Sünde‹ *par excellence* zu machen.

Indem wir alles, was auch nur im entferntesten an Sex erinnert, in Stille, Schande und Geheimnis haben verwesen lassen, haben wir unsere Möglichkeiten fehlgeleitet, in einem wichtigen Lebensbereich glücklich zu sein. Heutzutage macht uns die gegenteilige Reaktion genau so unglücklich und frustiert, weil wir oft die Fähigkeit, Liebe und Sex zu vereinigen, verloren haben.

Ein fundamentaler Irrtum ist begangen worden, als wir diesen Teil von uns im Namen der Göttlichkeit abgelehnt haben. Dies ist, als hätten wir das, was Gott uns geschenkt hat, beschmutzt und zurückgewiesen, nachdem doch die in der Liebe gelebte Sexualität eines der direkten Mittel ist, sich mit dem Göttlichen zu vereinigen, weil sie am Prozeß der Schöpfung teilhat.

Es ist nie zu spät, seinen Blick auf sich selbst und die Welt zu ändern. Wage es, total in der Hingabe und in der Liebe zu sein; dies ist die einzige Art, dich wieder mit deiner Sexualität zu vereinigen.

Du könntest entdecken, daß dich alles, was du in Freude und Freiheit lebst, Gott näher bringt, denn du bist dann in perfekter Übereinstimmung mit dir selbst, das heißt, mit der Ganzheit verbunden.«

Frage: Was ist zu tun, wenn sich eine sexuelle Impotenz einstellt und aggressiv macht?

ER spricht:

»Die Impotenz entspringt oft einer Form von Schuld. Die Sexualität trägt im Westen eine Basisschuld in sich, die in den Familien verstärkt ist, wo die Religion repressiv ist. Aber die Sexualität wird beim Mann auf allen Ebenen auch als ein Maßstab der Kraft empfunden. Wenn sich diese zwei Tendenzen im Innern eines Mannes bekriegen und er älter wird, ist die Impotenz unvermeidlich.

Seine Gefährtin braucht viel Geduld und Verständnis, um ihm zu helfen, das Resultat dieses Konfliktes auszulöschen. Wenn sie ihren Partner in allen Lebensbereichen maximal aufwertet, indem sie ihm seine Nützlichkeit zeigt, mit ihm die Gebiete entdeckt, in denen er unerläßlich ist, so ist es sehr gut möglich, daß er seine Virilität wiederfindet.

Wenn sie ihm gleichzeitig die Hand reichen kann mit der ganzen Zartheit ihrer Liebe, um ihn aus der Schuld hinauszuführen und ihm den ganz einfachen Weg des Lebens zu zeigen, der uns unsere Fehler verzeiht, wird sie seine Angst oder Aggressvität besänftigten können. Die Sexualität ist nicht vom Leben abgetrennt. Sie ist viel stärker in alle Bereiche des Wesens verwickelt, als man denkt. Trotz der scheinbaren Befreiung enthält sie noch viele Tabus. Die Vergebung ist der Schlüssel aller Heilung, und es ist die Vergebung sich selbst gegenüber, die am meisten Schwierigkeiten bereitet. Durch dieses Verzeihen der Irrtümer, die man zwangsläufig zum einen oder anderen Zeitpunkt begangen hat, kann die Energie von neuem normal zirkulieren, sowohl im physischen Körper als auch in der Psyche und im Geist.

Eine völlig freie und akzeptierte Sexualität ohne vorgefaßte Ideen - der moralischen oder religiösen Gefängnisse entledigt -, die sich außerhalb von Angst und Tabu ausdrückt, kann ein Gefühl der Schöpfung und der Überwindung enthalten. Sie kann harmonisch gelebt werden, denn sie ist das Resultat eines Gleichgewichts zwischen den körperlichen, emotionalen und psychischen Kräften.«

Frage: Wie kann man seine Sexualität erfolgreich leben?

(Die Frage wird von einer Frau gestellt.)

ER spricht:

»Liebe und Vertrauen sind die Schlüssel zur Entfaltung auf diesem Gebiet, wie in praktisch allen Lebensbereichen. Es handelt sich vorerst ebenso gut um das Vertrauen in sich selbst und die Liebe zu sich selbst, wie um das Vertrauen und die Liebe, die man dem anderen schenkt. Wir leiden im Westen unter einer seit Jahrtausenden ausgeübten Unterdrückung. Sogar in der Schöpfungsgeschichte impft man uns eine Grundschuld ein, und das

Unterbewußtsein hat große Mühe, sich davon zu befreien. Die Kirchen verstärken diese Schuld noch, hauptsächlichdie Kirchen, die das Zölibat der Priester befürworten, so als verstecke sich in jedem sexuellen Wunsch der Teufel.

Sehr oft wird die ihnen auferlegte Abstinenz in der Übertretung gelebt oder in einer mentalen Aufgeblasenheit, die diesem Akt eine übermäßige Wichtigkeit gibt.

So nimmt durch den Einfluß dieser Priester eine ganz einfache und natürliche Sache die schweflige Farbe der ‚Sünde' an und führt viele von uns zur Abschweifung oder zur Unterdrückung unserer gesunden und rechtmäßigen Möglichkeiten des Glücklichseins. Die diesem Akt zugeschriebene übertriebene Bedeutung trennt uns vom Leben.

Wie kann man die Schönheit dieser Eins-Werdung, der körperlichen Vereinigung empfinden?

Einfach, indem man eintaucht, sich völlig der Vereinigung zwischen den Seelen hingibt. Diese Vereinigung hat keinen teuflischen Anstrich, und wenn sie vollkommen ist, ist es leichter, den Körper denselben Weg folgen zu lassen. Es ist immer die Gespaltenheit, die Trennung, die uns daran hindert, zu leben. Der Aufschwung des Körpers kann der Ausdruck der Seele sein, oder umgekehrt kann sich der Aufschwung der Seele im Elan des Körpers manifestieren.

Die Erziehung hat uns so fehlgeleitet, daß wir nicht mehr in Kontakt mit unserem Körper sind und ihn oft verneinen. Er rächt sich, indem er sich blockiert oder krank wird. Wenn man sich mit seinem eigenen Körper nicht sicher fühlt, ist es sehr schwierig, die Sicherheit mit dem Körper eines anderen zu spüren, der möglicherweise das gleiche Problem hat.

Die Arbeit ist also vorerst an sich selbst zu leisten, das heißt, den Blick zu ändern auf den Akt, der das Leben gibt, sich zu freuen, eine Frau zu sein, sich glücklich zu fühlen, daß man geliebt und begehrt wird, die Lust seines Körpers wie ein Himmelsgeschenk, ein Schöpfungsgeschenk zu spüren und es blühen zu lassen, ohne Furcht und ohne es zu kontrollieren.

Auch in diesem Loslassen der Kontrolle kann die körperliche Freude ihren Aufschwung nehmen. Wenn sie ohne alle Schuldgefühle ist, wird sie zum göttlichen Ausdruck unserer Natur, das heißt zum Ausdruck der Liebe.«

Frage: Ist es möglich, die göttliche Dimension zu entdecken, wenn man von seiner Sexualität abgeschnitten ist?

ER spricht:

»Glaube nicht, daß die Sexualität unerläßlich wäre, um Gott zu begegnen. Er kann in irgendeiner Lebenserfahrung gespürt werden oder einfach in der Luft, die du atmest, im Blick eines Kindes, im Duft einer Rose oder im Trommeln des Regens auf dem Dach deines Hauses. Binde ihn nicht mehr an die eine als an die andere Sache, aber schließe ihn auch von nichts aus. Die Gnade fließt; sie erleuchtet alle Aspekte des Lebens. Doch unser Denken deformiert und verunstaltet das, was wir sind.

Um das Göttliche zu finden, kommt nicht speziell die Sexualität in Frage, aber die Lüge, welche du dir oft auf diesem Gebiet vorgaukelst, führt dich zur Illusion, die immer eine Sackgasse auf dem Weg der Evolution darstellt. Es genügt, klar und mutig zu sehen, was sich in dir abspielt. Bist du im Begriff, deine Frustration zu sublimieren, aus Angst vor dem Leben oder davor, nicht auf der Höhe zu sein? Oder fühlst du dich ganz im Gegenteil deinem Partner gegenüber schuldig, weil du dich nicht mehr zu ihm hingezogen fühlst? Oder bist du als Folge einer Lektüre oder eines anderen Einflusses überzeugt, daß man seine Sexualität ‚leben muß' oder ‚nicht leben muß'?

Jedesmal, wenn du dich deiner eigenen Wahrheit näherst, erlaubt dir ein Aufschwung der ‚Erkenntnis', der göttlichen Sonne deines Herzens einen Schritt entgegenzugehen.

Lange Zeit war die Sexualität das ursprüngliche Reservoir unserer Tabus. Heute tritt sie ohne Grund und ohne Liebe traurig über alle Grenzen. Diese beiden Arten zu existieren treten sich in bezug auf die Lüge und die Falschheit unserer wesentlichen Wirklichkeit gegenüber. Egal, welche die Aspekte deiner Existenz sind, schau sie an und begreife sie mit deiner ganzen Liebe.

Du kannst die Pforten des Unsichtbaren mit deinem Verlangen und deiner Erwartung nicht erreichen, weder mit noch ohne Sexualität, aber sie öffnen sich plötzlich, wenn du dich ergibst.

Und manchmal führen dich die undenkbarsten oder sogar anscheinend katastrophalsten Situationen auf mysteriöse Weise in die göttlichen Arme.«

DIE PSYCHISCHE WELT

Frage: Sind meine Träume wichtig? Können sie sich manchmal auf frühere Leben beziehen oder eine geistige Botschaft beinhalten?

ER spricht:

»Träume haben die Wichtigkeit und den Sinn, die du ihnen gibst. Gewisse Träume klären dich über dich selbst auf, andere können prophetisch sein und dir künftige Ereignisse oder die Öffnung neuer Türen ankündigen. Doch nur du selbst kannst ihnen wirklich einen Sinn geben, denn sie hängen sehr von einem symbolischen Kodex ab, zu dem nur du allein den Schlüssel hast. Natürlich können gewisse Träume nach allgemeinen Normen ausgelegt werden, aber die Interpretationen sind nie absolut und reflektieren hauptsächlich die psychologischen Kriterien und die Evolution desjenigen, der sie interpretiert.

Wie in allen Berufen, die sich mit der Psyche befassen, ist die Übernahme der Macht über den anderen eine Versuchung und eine Gefahr. Deshalb ist es vorzuziehen, deine Träume so wenig wie möglich anderen anzuvertrauen. Wenn sie dir wichtig erscheinen, so lebe mit ihnen, trage sie in der Intimität deines Herzens, bevor du sie nach ihrem Geheimnis fragst. Dann kann die Botschaft auf einer tieferen Ebene verstanden werden, und du wirst die Dinge nicht wie ein Eindringen in dein inneres Leben empfinden. Eine außenstehende Person hat notwendigerweise andere Kriterien als du, und sie müßte wirklich die ›neutrale‹

Verlängerung deiner selbst sein, damit du sie mit ganzem Vertrauen anhören könntest.

Wenn du in dir mentale Bilder wie die Existenz früherer Leben kultivierst, wirst du Träume haben, die sich auf frühere Leben beziehen - oder wenigstens trägst du diese Möglichkeit in dir. Wenn ein geistiges Streben in dir eine wesentliche Antriebskraft ist, wirst du Botschaften erhalten, die dir helfen werden, deine Träume zu verstehen. Wenn du deinen Blick für dein Leben und deine Träume veränderst, könntest du sie auf derselben Ebene der Wirklichkeit oder der Unwirklichkeit ansiedeln und zum Beispiel sowohl den Schlaf als auch das Wachsein wie die beiden Gesichter ein und derselben ‚Illusion' ansehen.

Gib allen Hypothesen Raum, und wähle jene, die dir entsprechen. Deine Träume werden deine Wahl unterstützen. Sie könnten manchmal die Orientierung deiner Entscheidungen anzeigen, sogar bevor diese bewußt gefällt worden sind.

Doch vergiß nie, dich dort vom unergründlichen Licht des Göttlichen überfluten zu lassen, wo diese Fragen mit der Einheit einer anderen Bewußtseinsebene verschmelzen.«

Frage: Ich bin »hellsichtig« und frage mich, was passiert, wenn durch mich kosmische Botschaften an andere gerichtet werden?

ER spricht:

»Diese Botschaften entsprechen deiner inneren Wirklichkeit und entspringen deinem unbewußten Verlangen. Wenn deine intimste innere Realität die absolute Liebe ist, so ist es möglich, daß sich diese Liebe durch ein dir entsprechendes Bild manifestiert. In diesem Falle könntest du im Namen eines Meisters oder kosmischer Wesen reden. Es ist auch möglich, daß kein Bild nötig ist.

Aber wenn deine innere Wirklichkeit von Macht, Haß oder Materialismus verschleiert ist, wird die von deinem Unbewußten ausgestrahlte Botschaft von dir oder den anderen verderbliche oder gestörte Handlungen verlangen. Um deine Macht über die anderen zu behalten, werden wahre oder schmeichlerische Dinge gesagt, und sie destabilisieren jene, die dich konsultieren, noch mehr. Du wirst den Eindruck haben, vom Jenseits geführt zu werden, und schwache Seelen laufen Gefahr, sich mit einer Welt einzulassen, in der der Geist geschädigt wird. Du setzt auch dich selbst erheblichen Risiken aus.

Viele Leute lassen sich mißbrauchen von ,Medien' oder ,Hellsehern', die an sich selbst keine Arbeit der Selbsterkenntnis geleistet haben, die Verirrungen ausschließt.

Wenn diese Arbeit nicht getan worden ist, setzt du dich den Zwischenwelten aus, die nichts mit der göttlichen Einheit zu tun haben, selbst wenn die Informationen sinnvoll scheinen.

Wenn du, ohne es zu wissen, in der persönlichen Macht des Egos stehst und psychische Kräfte manipulierst, verbindest du dich mit einer unheilvollen Astralwelt. Du bist dann gefährlich für dich selbst und die anderen, weil du in Kontakt stehst mit Mächten, die über dich hinauswachsen und zu deren Kontrolle du nicht fähig bist.

Einzig die Liebe kann dich zur richtigen Handlung und zum Verständnis der anderen führen. Ein Gefühl von Freiheit, Wohlsein und Freude breitet sich dann augenblicklich ganz natürlich um dich herum aus.«

Frage: Wie kann man die Echtheit gewisser »spiritueller« Erfahrungen feststellen? Wie kann man die Qualität gewisser »Meister«, »Medien« oder Meditationsgruppen und anderer Praktiken erkennen, die eine Entwicklung des menschlichen Wesens erlauben?

ER spricht:

»Die Antwort auf diese Frage ist sehr wichtig. Die gegenwärtige Zeit ist besonders verwirrend, und eine Unzahl von Bewegungen werden überall ins Leben gerufen, sowohl mit aufrichtiger Absicht als auch aus einem Machtstreben oder materiellen Interessen heraus.

Wenn du einer Zusammenkunft oder einem Seminar dieser Art beiwohnst, so beobachte aufmerksam den Verantwortlichen. Sieh, wie er sich benimmt, welcher Art seine Beziehung zu sich selbst, den anderen und der ,inneren Stimme' ist, die ihn führt. Wenn du spürst, daß diese Person ganz einfach lebt, was sie erzählt, daß sie wenig oder kein Geld verlangt, wenn du sie strahlend und glücklich siehst, sich wohlfühlend in ihrem Körper, ihrer Seele und ihrem Geist, dann hast du Chancen, dich jemandem gegenüber zu befinden, dem du vertrauen kannst.

Wenn ein ,Meister', ein Medium oder Vermittler einer sogenannten Persönlichkeit aus dem Jenseits sich mit einem übermäßigen Ego präsentiert, umgeben von einem ,Hofstaat', den er zu Schmeichelei und Untertänigkeit ermutigt, dann sei auf der Hut. Die Echtheit steht im Verhältnis zur Einheit der Person. Wenn jemand gespalten ist, das heißt, wenn er seinen Körper und sein Leben nicht akzeptiert hat und auch in sich selbst die Möglichkeit, seine eigenen Probleme zu regeln, nicht entwickelt hat - wie soll er dann im Namen eines hochentwickelten Wesens reden können? Die Wesenheit, die ihm innewohnt, ist seinem Unterbewußtsein nicht fremd. Sie spiegelt zutiefst seine Ziele, sein Wesen und seine verborgene Realität wider.

Manchmal ist sein Unterbewußtsein in Kontakt mit einer Zwischenzone, wo sich unsere Angst, unsere Gewalttätigkeit, unser Haß und unsere Machtlust materialisieren. Es ist also möglich, ehrlichen Leuten zu begegnen, die sich zu einer ,Mission' berufen fühlen und nichts anderes als das Spielzeug ihres Unterbewußtseins sind. Sie laufen Gefahr, in geistige Umnachtung zu fallen und gleichzeitig um sich herum viel Verwirrung zu stiften.

Aber wenn du aufmerksam beobachtest, was du empfindest, und gleichzeitig die Person beobachtest, die sich als ‚Vermittler' oder ‚Meister' präsentiert, wirst du sofort wissen, worum es sich handelt.

Wenn du dich glücklich fühlst in engerem Kontakt mit dir selbst und dem Universum und wenn sich dein Herz einer umfassenderen Liebe öffnet, dann kannst du sicher sein, daß deine Begegnung oder dein Schritt richtig ist und dir völlig entspricht.«

Frage: Ich fühle mich schuldig und habe eine bedrohliche Vision von Jesus. Ich fühle mich zur Hölle verdammt und leide grauenhaft. Was soll ich tun?

ER spricht:

»Wenn du in deinem Kopf eine Person von Jesus konstruierst, die nicht von Liebe, Mitgefühl und Vergebung erfüllt ist, dann ist dies nicht Jesus. Wie kannst du dir vorstellen, ich wäre hart und grausam? Wie kannst du dir vorstellen, Gott oder Maria verlangten deinen Tod? Das ist eine Absurdität. Merkst du nicht, daß du dein Leiden und deine Ungewißheit schaffst, indem du diese Dämonen konstruierst? All diese negativen Stimmen, die deinen Tod verlangen, sind eine Materialisation deiner Angst und der Schatten, die du in dir trägst. Kehr zu einem Leben zurück, in dem du dich friedvoll mit dir beschäftigst. Suche die Einfachheit. Entledige dich dieser grausamen und destruktiven Bilderwelt. Du hast begriffen, daß wir das sind, was wir glauben. Beseitige also die Überzeugungen, die nicht Licht und Liebe schaffen.

Baue dich sanft wieder auf wie ein kostbares Gebäude, bei dem besondere Aufmerksamkeit auf die Fundamente gerichtet wird.

Setze danach ein Steinchen darauf, dann ein anderes, ohne dich zu beeilen. Halte einen Augenblick inne und stell dir vor, daß es möglich ist, glücklich zu sein, daß es möglich ist, die Schönheit der Erde und die Schönheit des Lebens zu fühlen.

ES IST DIR VERZIEHEN.

Ich bin es, Jesus, der dir dies sagt.

Der Christus, von dem du redest, ist nicht wirklich. Ich werde dich beschützen vor der Hölle, die du in der Zukunft zu verdienen glaubst. Vor allem aber hilf mir, dich vor dem zu schützen, was du JETZT bist.

Ich bin an deiner Seite, Gefäß des Lichtes und der Besänftigung. Vergiß nie, dies jedesmal richtigzustellen, wenn du dich von negativen Visionen bedroht fühlst. Sie sind nichts als die Materialisierung deiner Schuld.

Die Hölle lebst du in diesem Moment. Sie hat nicht die geringste Realität außerhalb deiner selbst. Es sind Kanäle in dir geöffnet worden, bevor du dazu bereit warst, und deine Transformation ist zu einem unerträglichen Leiden fehlgeleitet worden. Eine Kluft hat sich aufgetan zwischen konkreten Glaubensformen, eingeschlossen in einem Schema von Anhaltspunkten und einer unermeßlichen Freiheit, die zum Unbekannten vorantreibt. Diese beiden Richtungen haben nicht gleichzeitig Platz in dir. Um den Frieden wiederzufinden, mußt du eine der beiden aufgeben.

Entweder wendest du dich an eine organisierte Religion, die dich unterstützt, und befolgst die Regeln der Tradition, oder du läßt dich im Wirbel des Unbekannten davontragen und läßt alle Anhaltspunkte los. Aber die Verunsicherung der beiden führt dich offensichtlich in eine grauenhafte Angst. Wenn du die traditionellen Anhaltspunkte losläßt, gibt es weder Hölle, Paradies noch Fegefeuer, und das Göttliche nimmt die Form an, die dir entspricht. Du lebst dann die Einheit auf deine Weise und hältst dich an nichts

Bekanntem mehr fest. Du wirst dir deiner Freiheit bewußt, und kein Wahngebilde kann dich mehr quälen, weil du wirklich du selbst bist.

Während du darauf wartest, zwischen diesen beiden Richtungen wählen zu können, lebe so einfach wie möglich ein harmonisches Erdenleben.

Die Erde ist unsere Mutter, und je tiefer und besser verwurzelt unsere Beziehung zu ihr ist, desto eher kann sich unsere Seele zu den Sternen aufschwingen.«

Frage: Bin ich in Gefahr? Ich fühle mich sowohl von der physischen als auch von der Astralwelt bedroht.

ER spricht:

»Diese Botschaft kann dir nur dann nützlich sein, wenn du bereit bist, dich von Kopf bis Fuß in Frage zu stellen, denn die einzige Gefahr für dich ist deine innere Verwirrung.

Schau dich klar an, und laß alles aus dir verschwinden, was nicht transparent ist. Du bist blockiert von unklaren Ideen, die sich außerhalb von dir manifestieren. Werde dir bewußt, daß deine eigene Angst die Gefahr provoziert.

Wir sind das, was wir glauben. Schaffe also Ordnung in deinen Überzeugungen. Schmiede sie solide mit Gold und Licht, und schließe dich direkt am Höchsten an, das heißt an der tiefsten Tiefe deiner selbst.

Vermeide in deinem Leben alles, was nicht klar ist; das Verheimlichen ist nicht gesund für dich. Vermeide die auf Macht basierenden Beziehungen, ob sie materieller, psychischer oder sogar spiritueller Art sind. Viele Leute benutzen eine sogenannte Geistigkeit, um Macht auszuüben. Vermeide solche Kontakte, denn du bist verletztlich. Informiere dich nicht über parallele Welten und versuche auch keine psychischen Erfahrungen zu machen.

Dies entspricht dir nicht, denn es zieht dich in eine dubiose Abhängigkeit hinein. Aufrichtigkeit und Einfachheit sind deine besten Führer. Vertraue einer Welt ohne Komplikationen, in der du einen sehr konkreten Platz finden kannst. Verwurzle dich so gut wie möglich in praktischen und nützlichen Aktivitäten. So wird dir das Göttliche gegeben, weil du den zusammenhanglosen Dingen, die dich von deiner wahren Natur ablenken, entsagt hast. Finde in dir den funkelnden Zweig der LIEBE wieder, der nichts verlangt und von niemandem etwas erwartet. Dieser Zweig der Liebe wird dich vor allen Gefahren beschützen und dir eine grenzenlose Freude schenken.«

Frage: Warum bin ich völlig ohne Lebensenergie, wenn ich mit gewissen Personen Kontakt habe?

ER spricht:

»Wenn du auf einer gewissen Ebene deines Wesens anfällig bist, gibst du einigen Personen die Möglichkeit, auf diesem Niveau in dich einzudringen. Es ist sehr nützlich, dir dessen bewußt zu werden, weil du sonst auf psychischer Ebene großen Schaden nehmen könntest.

Um sich zu schützen, genügt es, aktiv zu werden in der Beziehung, das heißt, Sender zu sein und nicht Empfänger. Wenn du die Gewohnheit hast zu visualisieren, kannst du aus deinem Sonnengeflecht einen Strom sehr lebendiger blauer Farbe senden. Dieser Farbstrahl wird der Person helfen, in sich selbst zentriert zu bleiben. Sie ist sich dieses Phänomens nicht bewußt. Du erweist ihr damit einen Dienst, weil sie nicht auf ihr tiefes Wesen eingestimmt ist, wenn sie in dich eindringt. Dies spielt sich auf einer Ebene ab, zu der sie keinen Zugang hat.

Du kannst dir auch vorstellen, daß dich deine eigene Aura wie ein leuchtendes Ei ohne jeden Riß umhüllt. Dies schützt dich und wird dich nicht nur in deinen Beziehungen stärken, sondern auch jedesmal, wenn du dich entspannst oder meditierst. Wenn deine Aura völlig leuchtend ist und keine grauen, schwammigen Partien enthält, riskierst du nicht die geringste Infiltration. Zudem kann dich keine schwere Krankheit befallen.

Nachdem du diese Visualisierungen ausgeführt hast, schließe dich sehr tief und sehr hoch an, wie wenn du ein Freudenfeuer wärest, das seinen Ursprung im Zentrum der Erde hat und sich in den Sternen verliert.«

Frage: Was bedeutet Geisteskrankheit, und was kann ich tun, um sie zu lindern?

ER spricht:

»Der Wahnsinn nimmt seinen Ursprung oft im Moment einer Weggabelung in der Existenz. Der künftig Geisteskranke hat sich in einer entscheidenden Lebensphase geweigert, eine Situation oder einen inneren Zustand klar zu sehen. Das ganze Potential wird dann benutzt, um eine ausweglose Route zu finden, eine Lüge, die ihn zerstört. Dies ist, als wenn sich seine Persönlichkeit gegen sich selbst wenden und ihn zwingen würde, sich in eine Sackgasse zurückzuziehen.

Die Angst ist so groß, daß er keine Hilfe akzeptieren kann, denn das würde ihn wieder mit dem Hindernis konfrontieren, das er nicht sehen will.

Das einzige,was du für ihn tun kannst, ist ihn so zu akzeptieren, wie er ist, und ihn dort zu lieben, wo er steht, das heißt mit seiner Krankheit, seiner Ablehnung und seiner Gefangenheit. Wenn du dem Kranken sehr nahe stehst, ist es möglich, ihm statt durch Worte mit Liebe und Verständnis zu zeigen, daß das Ausgangsproblem nicht existiert und nur eine Illusion ist. Indem du mit dem Kranken den Lauf seines Lebens zurückverfolgst, kannst du, wenn er Vertrauen hat, den Moment wiederfinden, wo er seine eigene Wahrheit zurückgewiesen hat. Wichtig ist nicht der Wille, ihn zu ändern, sondern ihn zu begleiten, ohne etwas zu erwarten, weder Besserung noch Dankbarkeit.

Wenn du einfach mit ihm sein Leben nachvollziehst, wirst du mit ihm das Warum seiner Weigerung zu leben, wiederfinden können.

Das Mitgefühl dieser Art ist eine Gabe, die den Kranken und dich selbst verwandeln kann. Es kann auch etwas verändern auf der Ebene der Gesamtheit, denn wir sind nicht voneinander getrennt.«

Frage: Welche Bedeutung haben die Kreise und andere mysteriöse Figuren in den Kornfeldern, Phänomene, die überall auf dem Planeten seit einigen Jahren wahrgenommen werden?

ER spricht:

»Diese Phänomene sind das auf große Flächen geschriebene Symbol der Transformation der Erde in Beziehung zum Kosmos.

Es sind wichtige Zeichen, und ihre Bedeutung wird in dem Moment enthüllt werden, wo dies die Evolution des Menschen erlaubt. Während der Wartezeit bereiten sie den menschlichen Geist darauf vor, zu akzeptieren, daß die Erde in bewußter Verbindung mit dem Rest des Universums steht.

Auf seiner bewundernswerten Bahn verbindet sich der Planet mit dem Unendlichen auf einer Ebene, die wir nicht wahrnehmen können, außer durch Analogie. Die Erde ist für das Universum das, was die Zelle für den menschlichen Körper darstellt. Wenn sich der menschliche Körper durch das Erscheinen eines neuen Bewußtseins verwandelt, ist die Zelle davon betroffen. Auf gleiche Weise können Zeichen auf der Erde wahrgenommen werden, wenn auf einer kosmischen Ebene Transformationen eintreten.

Doch diese Transformationen provozieren Kettenreaktionen. Sie geschehen in allen Richtungen: Sie wirken vom unendlich Kleinen bis zum unendlich Großen und umgekehrt.

Die menschliche Vorstellungskraft ist von dieser Art Phänomen fasziniert und möchte daraus entweder ein Märchen machen, es in rationelle Erklärungen einschließen oder seine Existenz verneinen, indem sie es als Gaukelei hinstellt. Doch diese verschiedenen Haltungen sind unzureichend und zeigen schließlich nur die Geisteshaltung des Beobachters, der nicht fähig ist, das kleinste Phänomen zu verfolgen, ohne es mit seiner eigenen Substanz zu verbinden. Er merkt nicht, daß er Teil des Phänomens ist und seine Ansicht genau so viel Realität hat wie diejenige der anderen.

Ohne Beobachter gibt es keine beobachteten Phänomene. Wir sind also Mit-Schöpfer von allem, was uns unsere Sinne enthüllen, und unsere Objektivität ist nur eine Illusion.«

Das Leiden

ER spricht (zu einem jungen Mann, der AIDS hat):

»Ich bin bei dir, in dir, ich bin überall, wo du mich nötig hast, und ich kann in jedem Moment geboren werden. Vergiß nicht, mich zu sehen, mich aus deiner Substanz zu erschaffen, denn in den tiefsten Tiefen deiner selbst bin ich du.

Vereinfache all deine Gedanken, vereinfache dein Leben, deine affektiven Ansprüche, alles, was dich belastet, und du wirst die strahlende Morgenröte einer neuen Freude erwachen sehen. Was auch deine Leiden sein mögen - ich bin in dir die unwandelbare Sonne, das Leben ohne Ende, das Staunen eines ersten Weltmorgens.

Vergib aus ganzem Herzen jeder Person, von der du glaubst, nicht das erhalten zu haben, was sie dir hätte geben sollen. Verzeih deiner Existenz selbst, dich verletzt zu haben.

Alles, was dir zustößt, kann übergeben, überwunden und transformiert werden. Dies ist ein Geschenk an die Zukunft der Erde. Erneuere unablässig die Schöpfung deiner selbst in dem Teil von dir, der über dich hinauswächst und das Göttliche ist. Das Leben ist in deinen Händen. Du kannst daraus eine goldene Märchenlandschaft machen.

Ich werde dir erscheinen in der Form, die du wählst und die dir entspricht, doch dafür mußt du frei und transparent sein, damit ich mich bis zum verborgenen Zentrum deines Herzens begeben kann.

Laß jeden Groll, jede kleinste Abneigung gegen dich selbst und gegen wen oder was auch immer fallen.

In dem Maße, in dem dich die Vergebung heilt, wirst du mich immer lebendiger und leuchtender sehen, und du wirst dich in diesen Ort des Lichtes einschmiegen können, an dem keine Einsamkeit mehr möglich ist.«

Frage: Was kann ich tun für eine junge Freundin, die bei mir wohnt? Sie hat eine unheilbare Krankheit und lehnt sich gegen ihr Schicksal auf.

ER spricht:

»Deine Freundin ist dir anvertraut worden für diese Zeit des Lebens und des Leidens, die ihr gegeben ist. Du kannst viel tun für sie. Deine liebevolle Gegenwart ist ein Balsam für ihre gemarterte Seele. Sprich nicht zuviel von Gott zu ihr in diesem Moment. Dies ruft ihr Fristen in Erinnerung, die sie nicht ertragen kann. Trage das Leben mit ihr, eine Sekunde nach der anderen, indem du wirklich in die Gegenwart eintrittst. Wenn sie die Vergangenheit und die Zukunft vergißt, kann sie eine Pforte zu der unbekannten Freude hin öffnen, die man in sich trägt, wenn man in die Ewigkeit des gegenwärtigen Augenblicks eingeht.

Betrachte mit ihr diesen Sonnenuntergang. Er ist so schön, daß man von Dankbarkeit überflutet wird. Gib ihr mit deiner Liebe diesen Berg, der ein wenig die Essenz deiner selbst ist.

Sie hat nicht Worte nötig, sondern ein neues Lebensgefühl, ein Gefühl, das ohne Wunsch ist, seinem Schicksal zu entfliehen. Es ist an der Zeit, daß sie sich selbst vergibt und sogar dem Leben selbst seine Grausamkeit verzeiht. Laß mit ihr alle unnötigen Bindungen los, die sie in erstickende affektive Muster einschließen.

Wenn ihr Zorn erschöpft ist und sie ihr Leben so, wie es sich zur Zeit darbietet, besser akzeptieren kann, wird euch ein großer

Reichtum gegeben. Vergiß nicht, dir dessen bewußt zu werden und es weiterzugeben. Dränge ihr nichts auf. Die Reifung wird sich in ihrem eigenen Rhythmus vollziehen. Das Göttliche kann auch dort erscheinen, wo man es nicht erwartet. Es kündigt sich im Geheimen an, wenn das Denken seine Existenz vergessen hat.«

Frage: Was kann man für die AIDS-Kranken tun?

(Die Frage wird gestellt von einer Person, die an Visualisierungsgruppen teilnimmt.)

ER spricht:

»Für die AIDS-Kranken und alle, die durch Leiden von ihrer inneren Quelle getrennt sind, ist das einzige Heilmittel die Liebe.

Ich schlage euch eine Visualisierung vor, die man in einer Gruppe oder allein durchführen kann.

Vereinigt euch in einer stillen und friedlichen Freude.

Wenn ihr meine Gegenwart spürt oder eine tiefe Entspannung erreicht habt, visualisiert die Kranken wie vergessene Kinder, die man in der Wärme eines Heims versammelt. Öffnet euer Herz und wiegt sie. In der Liebe seid ihr eins mit ihnen; sie sind ein Teil eurer selbst. Spürt diesen Teil von euch selbst mit einer unendlichen Zärtlichkeit. Dann vertraut diese Kranken mir an, jeden persönlich. Auf dieser Ebene der Entspannung könnt ihr innerlich mit ihnen in Verbindung treten.

Den Gläubigen unter ihnen sagt, sie sollen ihre Augen mir zuwenden und sich baden im Ozean meiner Liebe. Denen, die nicht glauben, sagt, daß ein großes Licht über ihnen wacht, das Licht des Lebens, das nie endet. Diese beiden unterschiedlichen Arten der Wahrnehmung vereinigen sich jenseits der starren Konstruktionen des Geistes.

Bleibt während der ganzen Dauer dieser Zusammenkunft in der klaren und transparenten Freude der Bergbäche.

Außerhalb dieser Visualisierungen, wenn ihr die Kranken trefft, sagt ihnen, was ihr macht, aber bleibt im Einklang mit dem, was sie möchten. Redet nicht von Gebet zu Ungläubigen, sondern von Meditation oder Energie der Gedanken. Respektiert jeden als das, was er ist, und drängt mich nicht auf, weder in der einen noch anderen Form. So werde ich an das Kopfende ihres Bettes gleiten und ihrer Seele ein wenig Licht einhauchen können.«

Frage: Was ist die Bedeutung von Aids, und in welcher Beziehung steht diese Krankheit zur Transformation, zu der wir aufgerufen sind, sie jetzt zu leben?

ER spricht:

»Aids zeigt uns, bis zu welchem Grad wir untereinander verbunden und solidarisch sind.

Wie die Verschmutzung so respektiert auch Aids keine Grenzen. Er ist eine harte Lehre der Einheit, denn wir sind dieser Krankheit alle ausgesetzt, alle sind verletztlich - sei es materieller Gier (infiziertes Blut), einer Abhängigkeit (Drogen) oder eines Suchens nach Liebe (Sexualität) wegen.

Diese Krankheit, die es erlaubte, die Homosexuellen in ihrer Andersartigkeit oder ihrem ‚Fehler' abzuweisen, ist jetzt eine Bedrohung für alle. Sie zwingt uns, unsere engstirnigen, lieblosen Urteile und unsere verkalkten und einengenden Moralkodexe zu revidieren.

Wenn wir unsere Art zu lieben, nicht radikal umwandeln, besteht die Gefahr, daß Aids auf der Erde ungeheure Verwüstungen anrichtet.

Dies ist vielleicht die Botschaft, die jeder Aidskranke seiner Umgebung und der Welt übermitteln kann.

Diese Krankheit taucht hauptsächlich bei Personen auf, die in ihrem Körper eine Notwendigkeit fühlen, die Beziehung zur Liebe zu ändern. Diese Veränderung ist so radikal, daß bis heute der Tod ihr Preis ist.

So viele Musiker, Künstler, Schriftsteller und Menschen mit einer extremen Sensibilität geben uns ihr Leben, um uns diese Notwendigkeit verständlich zu machen. Ihr Leiden ruft uns zu: Es ist Zeit, sich zu verändern, anders zu lieben!

Oft werden sie von ihrer Umgebung verleugnet, aus Angst, Schwäche oder Ablehnung, sich der Liebe zu öffnen. Doch oft löst diese Krankheit auch eine immense Hingabe aus, ein heroisches Teilen, eine wahrhaftige Verklärung der Gefühle.

Aids stellt in der kollektiven Mentalität eine Art Schreckgespenst höchster Bedrohung dar. Dies ist eine Manifestation des Horrors, die von der Vorstellungskraft aufgeblasen und von der Angst genährt wird.

Versuchen wir, die Dinge anders zu sehen.

Sicher, wenn ihr ein Kind verliert oder selbst in voller Jugend von diesem Fallbeil, diesem unmittelbar bevorstehenden Tod bedroht seid, ist es schwer, eure Einstellung zu ändern. Trotzdem würde das Abstandnehmen allen, auch den Aidskranken, erlauben, besser zu leben. Sie könnten trotz, oder vielleicht gerade dank ihres Unglücks verstehen, daß uns das Leben ‚jetzt' seine Schönheit enthüllt und uns in seinem göttlichen Aufschwung mitträgt.

Sie könnten entdecken, daß außerhalb des gegenwärtigen Augenblicks nichts existiert. Es ist für sie mehr als für irgend jemanden möglich, ganz darin einzutauchen und die Tür zu finden, die sich zu einem leuchtenden Weg hin auftut, wo die befreite Seele genau so willig ist, in einem Körper zu leben, als auch ihn zu verlassen. Indem die Aidskranken diese um den Preis ihrer eigenen Existenz gelebte Entdeckung den anderen übermitteln, machen sie uns ein Geschenk des Lichts, dessen Tragweite zu ermessen niemand in der Lage ist.

Durch diesen anderen Gesichtspunkt können diejenigen, die nicht davon befallen sind, vielleicht das erschreckende Bild dieser Krankheit besänftigen und es in Liebe umwandeln.

Aids ist eine Krankheit der Liebe. Sie ist da, um uns eine andere Liebe zu lehren, die Liebe, die uns einem neuen Bewußtsein, einem anderen Verständnis unserer selbst und des Universums entgegenträgt.«

Frage von Ali: Ich finde keinen Ausweg aus meiner Verzweiflung.

(Ali ist blind und verlangt, daß sein Vorname genannt wird).

ER spricht:

»Dein Weg führt dich nicht dorthin, wo du glaubst. Du wartest und verzweifelst, doch auf dem Grunde deines Herzens liegt ein Juwel, dem du noch nicht begegnet bist. Du hast bis heute diese innere Welt, die wie ein sternenübersäter Himmel in deinen Tiefen leuchten kann, noch nicht gefunden. Du kannst die Freude, am Leben zu sein, nicht in einer Erwartung oder einem Wunsch zu ‚tun' oder zu ‚werden' finden. Du wirst deine Probleme nicht lösen, indem du dich verzweifelt an eine äußere Sache hängst. Du kannst sie lösen, wenn du ja sagst zum unvergleichlichen Schatz deines tiefen Wesens. Wenn du das, was du bist und was ist, mit Liebe akzeptierst, wird dir die Welt den Widerschein deiner selbst zurückwerfen, denn die Welt ist nichts anderes als die Verlängerung dessen, was wir sind.

Vielleicht hast du etwas zu übermitteln, denn du trägst den ausgeglühten Gesang der Wüste in dir. Dieser Gesang der Wüste könnte der Gesang Gottes oder der Freude sein.

Wenn du das Geheimnis deines Wesens, das voll des Reichtums ist, aus seinen Wurzeln aufsteigen lassen kannst, wird eine andere Geburt in deinem Herzen stattfinden. Und indem du dich mutig in die Nacht deiner Verzweiflung stürzt, kannst du das Licht finden.«

Frage: Was kann man tun, um das Leiden in der Welt zu lindern?

ER spricht:

»Bring vorerst deine persönlichen und deine Beziehungsprobleme in Ordnung, finde in dir selbst die Möglichkeiten von Harmonie und Freude, mit denen du die Welt erfüllen möchtest. Und dann lebe sie aus ganzem Herzen in Anbetung und Dankbarkeit.

Die LIEBE ist die Heilung des Leidens. Sie öffnet die Türen deiner Seele an dem Ort, wo nur die Glückseligkeit möglich ist. Du erleichterst dann das Leiden, weil du dich auf einer anderen Ebene befindest und dich intuitiv zu denen hinführen läßt, die dich zum Spiegel gewählt haben, um sich vom Leiden zu befreien. Deine Handlungen werden ganz natürlich von durchdringendem und willkommenem Mitgefühl geprägt sein.

Indem du dich der Einheit näherst, merkst du, daß alle Leiden verschmelzen, ganz egal, durch welche Gründe sie hervorgerufen wurden. Wenn irgendwo ein von Verzweiflung erdrücktes Kind weint, so weinst du in ihm, aber gleichzeitig weint der Schmerz aller Kinder der Welt in dir.

Wenn ein verlassener Hund bis zum Tod auf seinen Herrn wartet, so bist du es, der verlassen wird, doch du lebst gleichzeitig diesen ungeheuren Schmerz aller, die seit dem Ursprung der Zeiten verlassen worden sind.

Wenn dir die Einheit des Leidens bewußt wird, so wird dir die Einheit des Lebens bewußt, und du bist nicht mehr getrennt von den anderen. Es handelt sich hier nicht um eine sentimentale Identifikation mit dem anderen, denn in der Identifikation dieser Art bleibst du an die Macht des Egos gebunden. Es handelt sich um eine Bewußtseinsveränderung, die etwas auf dem Planeten verändert: Du wirst fähig, dein Leiden und dasjenige der Welt in Hingabe zu verwandeln, das heißt, es ‚anders zu sehen', es in bezug auf eine viel größere Gesamtheit anzuschauen. Du beginnst, die unter jedem Leiden liegende Freude zu entdecken und deine Einstellung zu ändern. Du siehst gleichzeitig die beiden Seiten der Medaille, denn alles akzeptierte und transzendierte Leiden kann zu Freude oder Gelassenheit werden. Diese Freude leitet sich dann von Herz zu Herz weiter wie ein Erlösungsruf.

Du kannst auch feststellen, daß die Überwindung des Leidens, das heißt des Egos, eine Geburt zur Freude ist.

Wenn die Menschheit den Kontakt zu ihrer göttlichen Essenz, oder anders gesagt, zur Einheit des Lebens nicht mehr verliert, wird es nicht mehr nötig sein zu leiden.

Die Lebensreise wird dann die funkelnde Farbe einer Rückkehr zum Ursprung annehmen, diese Glückseligkeit ohne Trennung, die in unserem Herzen schlummert.

Wir fürchten das Ende einer Welt, und doch könnte gerade dieses Ende ein Erwachen werden, die Geburt zur strahlenden Sonnenkraft der LIEBE.«

Frage: Ich möchte meine Handlungen kontrollieren. Es gelingt mir nicht, und ich fühle mich sehr unglücklich. Was muß ich tun? (Eßsucht)

ER spricht:

»Erhebe deine Augen zu mir. Ich bin deine QUELLE und dein Glück. Ich schenke dir meine LIEBE. Schau sie an. Sie erfüllt dich mit Licht. Sie ist zart und ohne Grenzen. Warum verabscheust du dich, wenn doch ich, Jesus, dich liebe?

Vergiß diese Meinungen, die aus dir ein unwürdiges und schuldiges Bild machen. Du bist gefangen in den engstirnigen Kanälen einer Moral, die dich in Stücke schneidet.

Indem du dich selbst liebst, in deinen Tiefen, liebst du mich, denn du bist nicht getrennt, weder von mir noch von den anderen.

Sieh mich an, und die Mauern, die du aufbaust, um dich zu quälen, werden zusammenstürzen in einem Freudenschrei.

Suche in dir die lebendigen Kräfte, die es dir erlauben, zu lachen und das Gerümpel deiner negativen Gedanken auszuschütteln. Sie zerstören die Schönheit jeden Schrittes, den du auf Erden tust.

Wenn du es dir gestatten könntest, mich zu sehen - in deinem Herzen den Funken meiner Gegenwart aufsteigen zu lassen, dann wüßtest du, daß meine LIEBE so groß ist, daß sie nichts von dir verlangt.

Nimm dir das Recht, in deiner ganzen Größe zu existieren und in der herrlichen Helligkeit eines Glücks, das du immer zurückgewiesen hast.

Es ist dir erlaubt, glücklich zu sein; es ist dir erlaubt zu essen - sogar zuviel zu essen.

Laß die Schablonen fallen, die du dir aufzwingst. Ein Teil deiner selbst übt Macht aus und zwingt den anderen Teil, sich unterzuordnen: So bekriegen sich diese beiden Teile in dir und spalten dich. Es gibt keinen Fehler, es ist einzig die Gespaltenheit, die zum Leiden führt.

Schau klar, mit Liebe und Belustigung alles an, was du in dir selbst zurückstößt.

Diese Teile von dir, die du ablehnst, sind verlassene Kinder. Nimm sie in dein Herz und wiege sie zärtlich. Dies wird dir helfen, jede Verurteilung zu verlieren und die Einheit wiederzufinden. Indem du akzeptierst, das zu sein, was du bist - ohne zu versuchen, etwas anderes zu sein - befreist du dich von der Illusion, und die Verwandlung vollzieht sich aus dem Innern heraus.

So wirst du mich finden, denn ich bin eins mit jeder lebendigen Zelle des Universums.«

Frage: Kann man das Leiden vermeiden und so den Lauf seines Karmas umleiten?

ER spricht:

»Wenn du an Karma glaubst, das heißt, an die Wiederherstellung eines Gleichgewichts in bezug auf vergangene Handlungen, so kannst du das Leiden nicht umgehen. Aber wenn du diesen Glauben losläßt, indem du den Blick für dich selbst und die Welt transformierst, kannst du eine andere Bewußtseinsebene entdecken. Auf dieser anderen Ebene bist du von allem Leiden frei, weil die Freude deiner Entdeckung wichtiger ist als die horizontale Ebene der Ereignisse deines täglichen Lebens.

Ergebung und Hingabe könnten die Schlüssel dieser Veränderung des Blicks auf dich selbst und die Welt sein.

Laß deine mentalen Konstruktionen los, befreie deinen Geist von allem, was ihn belastet, und finde in dir die Bewegung des Lebens, die diese Manifestationen des Egos und der Bindungen gegen etwas Höheres eintauscht. Ideen, Vorurteile, Erwartung und Verlangen nach Sicherheit entstammen demselben Ego und denselben Bindungen. Wenn du sie loslassen kannst, wenn du gestattest, daß sie sich in dieser anderen Art zu sein auflösen, wirst du die unbekannten Ufer einer Erde der Freiheit wahrnehmen, eine neue Erde, die nicht mehr zerstückelt ist. Wenn du dich nach und nach dieser unnötigen Gepäckstücke entledigen kannst, wirst du in deinem Herzen deine wahre, göttliche Natur finden. Sie ist der Strom des Lichts, der dich mit den Sternen verbindet. Sie ist der Erlösungsschrei, der Gesang der LIEBE, der weder Anfang noch Ende hat.

Wenn du dich diesem Ozean der Schönheit anvertrauen kannst, wirst du sehen, daß Tod, Leiden und Angst nur noch eine ferne

Erinnerung, ein Schattentanz, ein lächerliches Ballett und unwirklich sind.«

Frage: Was kann ich tun, um eine moralische Prüfung zu überwinden, die durch körperliche Leiden hervorgerufen wird?

Wie kann ich meine Energie wiederfinden?

ER spricht:

»Die moralische Prüfung, die du in diesem Moment körperlicher Schwierigkeiten durchlebst, kann rasch überstanden werden.

Geh mit großer Aufmerksamkeit in dich, und prüfe die vergangenen Probleme deines Lebens. Stelle diese Probleme in die Gegenwart, und tauche dann mit deinem ganzen Wesen in sie ein, ohne den geringsten Raum zwischen ihnen und dir offen zu lassen. Laß sie sich wiedervereinigen mit der Einheit deines Wesens. Liebe sie vollständig, damit sie dich nicht mehr entzweien. Das Schuldgefühl gräbt einen Abstand zwischen dir und dir. Diese beiden Teile bekriegen sich, ohne daß du dir dessen bewußt bist. Diese Schuld zwingt dich in gewisser Weise zu zahlen, und deine körperlichen Schwierigkeiten stellen den Preis dar.

Akzeptiere, das zu sein, was du bist, und gewesen zu sein, was du warst. Leg all dies in die Arme der LIEBE, ins Feuer des Lebens, das alle Probleme verbrennt, einschließlich die deiner Schuld.

Verurteile die Handlungen deines Lebens nicht. Deine Erfahrungen haben deine Evolution gefördert. Danke ihnen dafür, dich dorthin geführt zu haben, wo du bist. Laß jede Vorstellung von Kontrolle los, und präsentiere das Geschenk deines Schicksals dem Göttlichen, das dich führt. In diesem Geschenk wirst du Kraft und Heilung finden. Dank ihm wirst du auch die Pforte einer neuen Wirklichkeit durchschreiten.«

Frage: Ich fühle mich schuldig, dem Ruf meiner inneren Stimme nicht gefolgt zu sein, und mein Leben ist nur noch Leiden. Wie kann ich einen Ausweg aus dieser Hölle finden?

ER spricht:

»Gib mir deine Schuld. Kein Fehler lastet auf deinen Schultern.

Du hast dich in einer Welt verirrt, die dir nicht zusagt, weil ihr die Transparenz der LIEBE fehlt.

Dir entspricht die Erfahrung des Lichtes. Du wirst sie erkennen, denn sie bringt Freude, Gelassenheit, eine wahrhafte innere Freiheit und sowohl die Liebe zu dir selbst als auch die Liebe zu den anderen. Durch diese Erfahrung verwandelt und harmonisiert sich deine tägliche Existenz. Jede deiner Handlungen wird eine Note der Musik in der Symphonie des Lebens.

Es ist besser für dich in diesem Moment, dich in eine vernünftige Welt zu stellen, die es dir ermöglichen wird, gewohnte Formen von psychologischer Sicherheit wiederzufinden. Eine gewisse Verletztlichkeit hat es erlaubt, daß sich Einheiten bei dir eingeschlichen haben, um dich zu täuschen.

Indem du also in eine sehr konkrete Realität eintauchst, wirst du wieder solide Wurzeln finden. So kannst du den Baum der Freude wachsen lassen.

Bedaure nichts. Ich, Jesus, das Licht deines Herzens, liebe dich bedingungslos. Du wirst mich ganz einfach am Rande des Weges finden. Eines Tages wirst du in der Stille die sprühende Quelle finden und wissen, daß es mein Lächeln ist, das dich überflutet. Es gibt nichts zu tun, als einfach die Hände zu öffnen und zu erlauben, daß sich meine Liebe mit dir vereinigt.«

Frage: Warum bin ich unglücklich?

ER spricht:

»Deine Lebensnot ist wie ein zu schwerer Mantel, den du dir

über die Schultern gelegt hast. Du kannst ihn ablegen. Es genügt, die Ideen aufzugeben, die dich in abgeteilten Fächern einschließen und dich entzweien. Das ganze Leben durchfließt dich, und du bist ein Relais für die Schönheit der Welt. Schau sie an, indem du einfach die Muster auslöschst, die dir sagen: ‚Man muß' dies oder jenes tun. Es wird nichts anderes von dir verlangt, als glücklich zu sein. Laß alle Konzepte los, die dich in die eine oder andere Denkweise einschließen. Laß die Süße, am Leben zu sein, durch deinen Körper, deinen Geist und deine Seele fließen, was für eine Bedeutung auch immer du diesem Wort gibst.

Finde in dir die Stille der Tiefen wieder, in der der Wunsch verschwindet, etwas anderes zu haben oder zu sein als das, was du bist. In dieser Stille wird das sich stetig erneuernde Staunen geboren, am Leben zu sein. In dieser Stille wirst du auch die unvergleichlichen Reichtümer finden, die in dir stecken und die du noch nicht ausgeschöpft hast. Auf dieser Ebene wird jede deiner Handlungen richtig sein und dich zur nächsten hinführen. So wirst du in dem ruhigen Glück wandeln, das dir bestimmt ist.

Wenn du jeden Willen des ‚Festhaltens' an der Welt losläßt, die Hände öffnest und dich an nichts klammerst, weder an Besitztümer noch Zuneigungen oder sogar sichere Überzeugungen, wird dir eine ganz neue Herrlichkeit zurückstrahlen. Wenn du die Verwandlung und das Unbekannte, das sie enthält, akzeptieren kannst, wird dir diese Herrlichkeit weit über das hinaus gegeben, was du dir vorstellen kannst.

Wenn du begreifst, daß es genügt, zu existieren und in dir das Lächeln des Lebens fließen zu lassen, trittst du in Kontakt mit der absoluten Freude, und die Welt wird dir von allen Seiten her diesen Widerschein deiner selbst zurückstrahlen.«

Frage: Was ist zu tun, wenn man zerrissen ist zwischen seiner Familie und einer neuen Liebe?

ER spricht:

»Die Ereignisse, die dir das Leben bringt, haben einen Sinn, der nicht immer sofort wahrnehmbar ist. Alles, was dir gegeben wird, sowohl die Freude als auch das Leid, kann Mittel zu deiner Verwandlung sein. Betrachte deine Situation nicht als unerträglich. Stell sie nicht in die Dualität: Was muß ich tun? Muß ich meiner Moral folgen oder dem Aufschwung meines Herzens?

Vertausche die Gegebenheiten des Problems und versuche, die Bedeutung dieser neuen Begegnung und der Situation, in die du eingetaucht bist, zu verstehen. Lehne es nicht ab zu leiden. Wenn das Leiden vollständig gelebt, auf sich genommen und überwunden wird, tun sich neue Horizonte auf, und andere Bewußtseinsebenen können erreicht werden.

Wenn du dich in diesem Sinne transformierst, hilfst du allen, die um dich sind. Unbewußte Situationen verursachen Leid, und alle, die daran teilhaben, werden dazu aufgerufen, sich auf die eine oder andere Weise durch diese Situation weiterzuentwickeln. Es ist nicht leicht, sein Leben auf diese Art zu betrachten, wenn man mitten im Problem steckt. Doch Schritt für Schritt erhellt sich ein kleines Stück Weg und zeigt dir, daß du immer begleitet bist, selbst wenn du es nicht gewußt hast. Du wirst erkennen, daß alles, was dir zustößt, in der Gesamtheit deines Lebensverlaufs einen sehr präzisen Sinn hat und einen positiven Aspekt trägt. Wir sind alle aufgerufen, jeder auf seine Weise, zur Entdeckung einer neuen, anderen Form der Liebe, der Liebe, die nichts verlangt, wo die Gabe seiner selbst die vollkommenste Freude ist. Diese Form der Liebe kann niemanden benachteiligen, weil sie nichts und niemanden besitzt. Es ist selten, daß die menschliche Liebe nicht von Macht und Besitzlust befleckt ist, doch wenn sie aufrichtig ist, findet sich in ihr immer ein Funke der göttlichen Liebe.

Wenn man diesen Funken in sich wachsen läßt, kann kein Problem mehr aufsteigen, oder besser gesagt, können die Probleme nach und nach verbrannt werden. Sie werden dann zu dieser unbekannten Flamme, die deinen Blick verändert und dich in einer anderen Welt geboren werden läßt.«

Frage: Ich kann meine Beine nicht mehr gebrauchen. Gleichzeitig erlebe ich eine außerordentliche Erfahrung der göttlichen Präsenz. Ich begreife das Warum meiner Krankheit nicht.

ER spricht:

»Zwischen deiner Erfahrung und der engen und starren Religion deiner Kindheit herrscht eine tiefe Kluft. Du kannst dich deiner Bindung nicht entledigen und an dieser neuen Erfahrung deshalb nicht völlig teilhaben. Wenn du dies nicht nur mit deinem Kopf, sondern auch mit deinem ganzen Wesen begreifst, wirst du den Anfang deiner Heilung vollziehen. Gestatte deiner Erfahrung, sich zunehmend in dir breit zu machen. Wenn du sie lebst, ohne dich an deine alten Strukturen zu klammern, wirst du den Gebrauch deiner Beine wiederfinden.

Deine glühende und durstige Seele ist gehemmt durch Konzepte der Vergangenheit. Sie hindern dich daran, dich in deiner ganzen Größe auszudrücken. Diese Konzepte nähren ein enormes Schuldbewußtsein in bezug auf das, was dir zustößt. Die Schuld ist so stark und tief, daß sie dich so sehr aus dem Gleichgewicht wirft, daß du deine Beine nicht mehr gebrauchen kannst.

Diese Dualität existiert seit sehr langer Zeit, denn ein Teil von dir hat bereits sehr jung die starre Seite deiner Religion zurückgewiesen.

Wenn du die Kraft haben wirst, ›ganz allein zu marschieren‹, ohne die Sicherheit, die die Kirche darstellt, wirst du deine Beine von neuem ganz normal gebrauchen können.

Aber weil alles, was geschieht, eine Bedeutung hat, sind es gleichzeitig das Leiden und die Krankheit - wenn du sie hast akzeptieren können -, die dir die Möglichkeit gegeben haben, weiterzugehen in diesem Hinauswachsen über dich selbst, das heißt, in der Erfahrung des Göttlichen.

Wenn du deine innere Einheit wiedergefunden hast, wird dich nichts daran hindern, in der Kirche zu bleiben, aber du wirst ihr gegenüber nicht mehr in einem Zustand der Abhängigkeit oder Schuld stehen.«

Frage: Ist es notwendig, die Wurzeln seiner Angst zu kennen, um sich davon befreien zu können?

ER spricht:

»Die Angst ist wie eine große unsichtbare Liane, die jeden Nerv und jede Faser deines Körpers durchdringt. Sie wird genährt vom kleinsten Gedanken, von der geringsten Überlegung, vom kleinsten täglichen Ereignis. Es ist nötig, ihren Ursprung zu kennen, um sie nicht mehr zu nähren. Indem man sich ihrer Schritt für Schritt nähert, indem man sie völlig in sein Wesen integriert, ohne sie zurückzuweisen, indem man sie wie ein kleines unglückliches Kind in seine Arme nimmt, wird sie schließlich ihr Geheimnis preisgeben. Die LIEBE kann diese lästige Gastgeberin auflösen.

Solange sie zurückgewiesen und abgespalten, ignoriert oder vergraben wird, verstärkt sie sich. Wenn sie in die Einheit deiner Liebe eintritt, verliert sie ihr Fratzengesicht. Diese erste Annäherung kann sich rasch ergeben, und die Angst wird in einem Mal im großen Freudenfeuer verbrannt.

Doch ist es möglich, sie auf andere Art anzugehen, das heißt, durch die Kenntnis seiner selbst.

Sagen wir, daß dich zum Beispiel eine dumpfe Angst vor dem Tod plagt. Was sagt diese Angst? Sie sagt: ›Ich will nicht verschwinden.‹ Wer sagt ›ich‹? Es ist dein Ego, das ›ich‹ sagt, dieser Teil von dir, der nichts als eine Illusion ist, dieser Teil von dir, der sich mit Schutzwällen umgibt und sich verhärtet, um in der Selbstgefälligkeit und der Wichtigkeit, die er sich gibt, zu verharren. Wenn du dein Ego und seine Verzerrungen wahrnimmst, fängst du an, darüber zu lachen. Es verabscheut das Lachen, das es dazu zwingt zusammenzuschnurren.

Wenn du die Ränke deines Egos durch das Lachen und eine klare Vision dessen, was es ist, entlarvt hast, konstatierst du, bis zu welchem Grade es mit dieser Angst vor dem Tod verbunden ist. Aber der Teil von dir, der Flamme oder Geist ist, der Teil, der wahrhaftig ein Körnchen des Absoluten ist, hat nicht die geringste Angst vor dem Tod, weil er sich universell und unsterblich weiß.

Nachdem du deinem Ego auf seine zahlreichen Schlichen gekommen bist, begegnest du einem anderen Aspekt deiner selbst. In diesem anderen Aspekt kann keine Angst verharren, weil er der herrliche Strom des Lebens ist. Dieser Strom wird immer länger und erneuert sich ins Unendliche.

So kann man auf der Reise zur Selbsterkenntnis verschiedene Etappen durchlaufen. Zuerst nimmst du Kontakt auf zu deinen Mechanismen, du demontierst die verstecktesten Bereiche, du entdeckst im hellen Tageslicht einer klaren Vision deine geheimen Räderwerke. Dies verlangt Mut und eine totale Abwesenheit von Verurteilung. Erst danach kann sich dein ursprüngliches Wesen in seiner glanzvollsten Wahrheit enthüllen.«

Frage: Wie muß ich mein Leiden und die Krankheit anschauen?

(Frage einer sehr kranken Person, die schwer leidet).

ER spricht:

»Wenn du das Leiden bewußt akzeptierst, indem du jeden Widerstand dagegen aufgibst, das heißt, indem du dich außerhalb der Grenzen der Angst und des Körpers stellst, wirst du das Warum deiner Krankheit besser verstehen. Du wirst sehen, daß sie ein Ruf deiner Tiefen ist und deinem eigenen inneren Anspruch entspringt.

Es wird Überwindung von dir gefordert, weil sie es ist, die du erhoffst. Das Leiden kann dich dorthin führen, wenn du es in dein Herz nimmst und etwas Höherem übergibst. Es etwas Höherem übergeben heißt, es der LIEBE zu schenken.

Wenn du das Leiden vollständig akzeptierst, verwandelt es sich und wird der reine Diamant dessen, was du in deinen Tiefen bist. Wenn du eins bist mit ihm, gibst du dich der LIEBE hin und kannst die Schichten der Illusion schmelzen lassen, die den Kern des Wesens verstecken. Jeder wählt seinen Weg zum Licht. Doch es ist immer die Liebe, die dich hinführt, sogar die Liebe zu deinem eigenen Leiden. Sie allein kann dir helfen, es zu überwinden.

Hab Vertrauen in dein Schicksal, aber auch in deine Freiheit - die Freiheit, den Schatten in Licht zu verwandeln, einzig durch die Kraft deines Blickes auf dich selbst und die Welt.

Wandere ruhig, ich bin in dir die Tür, die sich zum Unendlichen hin öffnet, und ich halte dir die Hände, was auch immer dir begegnet. Sieh mich an. Du wirst über dem Sturm bereits das sonnenbeschienene Juwel einer aufsteigenden Morgenröte wahrnehmen.«

Frage: Warum das Leiden?

ER spricht:

»Das Leiden scheint in der illusorischen Welt der Dualität ein Verhängnis zu sein, doch ist es nur Verhängnis, wenn sich das Ego darin vergräbt. Es ist nie etwas anderes als der Ausdruck der Trennung (oder Illusion der Trennung). Wenn man zur Quelle irgendeines Leidens zurückgeht, entdeckt man das Gefühl dieser Trennung und gleichzeitig damit ein Streben zur Einheit. Das Leiden erlaubt also die Bewußtwerdung dieses Strebens nach Einheit, wenn es völlig gelebt und überwunden wird. Es regt uns an, uns in Bewegung zu setzen und seine Mechanismen auseinanderzunehmen. Doch ist es tatsächlich nicht nötig. Es stellt sich nur ein, wenn uns die Unbewußtheit blind macht. Es ist eine Hand, die uns dargeboten wird, um uns unser Gefängnis, unsere Verhaltensmuster, unsere Illusionen, unsere Urteile oder Zwangsmuster unserer Aversionen zu zeigen, das heißt; alles, was uns in Stücke schneidet.

Indem wir den Verlauf des Leidens bis zu seinem Ursprung zurückverfolgen, das heißt, wenn wir die Dualität vollständig leben, schreibt es sich ins ursprüngliche Paradox ein, denn es kann das Register wechseln und wahrgenommen werden wie eine Freude, die eben von Zeit und Dualität erlöst.

Das körperliche Leiden ist Teil dieses Paradoxons. Es entstammt unserer Zerstreutheit, unserer Unfähigkeit, unsere einschränkenden Konstruktionen und unsere Bindungen zu sehen. Die Krankheiten sind oft das greifbare Resultat der unbewußten Ablehnung, unseren Käfig zu verlassen, denn man erstickt am sichersten, wenn man sich zu schützen glaubt.

Alle Bindungen sind Gesichter des Leidens, seien sie emotional, materiell, intellektuell oder geistig. Es gibt auch die Bindungen an Ideen, an die Idee dessen, was man selbst sein sollte oder was die anderen sein oder tun müßten.

Wenn wir uns der Natur unserer Bindungen und der Tatsache dessen, daß sie uns entzweien, bewußt werden, verwandeln wir das Leiden und nähern uns der natürlichen Bewegung des Lebens. In diesem Pulsieren des Universums ist kein Leiden möglich.«

Der Tod

Botschaft für einen Sterbenden, der den Tod nicht fürchtet und sich dem Bildnis seines Glaubens ergibt.

ER spricht:

»Ein unendliches Licht wacht über dir. Dein Blick ist ihm zugewandt, und tausend goldende Sterne funkeln in deinen Gedanken. Gehe voller Vertrauen deiner Vollendung entgegen. Ich, Jesus, nehme dich in meine Arme. Es bedrückt dich keine einzige Last mehr. Du bist frei, dich aufzuschwingen, denn deine durchsichtige Seele hat sich des Erdengewichtes entledigt.

Du hast die Bestimmung deines inneren Wesens mit Inbrunst vollendet, und die Gnade erfüllt sich. So bereite ich dir deinen Weg, und du schreitest mit mir in den Fußstapfen der Freude.«

Frage: Wie ist es möglich, die Freude durch die Idee des Todes durchscheinen zu lassen?

ER spricht:

»Eine echte Freude ist ein Ausdruck der Freiheit. Dies heißt, daß die Angst verschwunden ist, hauptsächlich die Angst vor dem Tod.

Wenn du dieser fundamentalen Angst nicht mehr unterworfen bist, kannst du deine Freude voll und ohne jegliche Einschränkung leben. Doch um keine Angst vor dem Tod mehr zu haben, ist es nötig, daß du bis in deine Zellen spürst, daß das Leben endlos ist und der Tod ein Geistesbild ohne Realität darstellt, außer in bezug auf eine äußere Erscheinung.

Das Gefühl, ‚zu sein', das du zur Zeit durch deinen Körper erlebst, verschwindet nicht. Im Gegenteil, du kannst dir vorstellen, daß der Teil von dir, der ‚angeschlossen' ist, diese sich endlos erneuernde Freude, eine Übereinstimmung in deinem physischen Körper hat.

Setze dich in Verbindung mit diesem lebendigsten Teil, dem Teil, der nicht verschwinden kann und umso wirklicher ist, je unbegreifbarer er erscheint.

Unter diesen Bedingungen kann der Übergang vom Leben zum Tod nichts anderes als ein riesiges Aufsprühen der Freude sein.

Der Tod ist Geschenk und Erlösung für alle, wenn du nicht mehr von der äußeren Erscheinung abhängig, sondern in den anderen Teil von dir ‚eingegangenen' bist. Wenn du in diesen anderen Teil eingehst, wechselst du die Bewußtseinsebene. Auf dieser Ebene ist der Tod ständig gegenwärtig, so wie die Freude des Wiedergeborenwerdens nicht von ihm getrennt werden kann.

Freude und Leid, Tod und Wiedergeburt sind unumgängliche Aspekte unserer Existenz.

Auf der horizontalen Ebene der Dualität trennen wir sie, aber jedesmal, wenn wir in Kontakt treten mit dem uns innewohnenden Göttlichen, ist keine Trennung mehr möglich.«

Botschaft an einen sehr kranken Menschen, der sich vor dem Tod fürchtet.

ER spricht:

»Ich bin in jedem Augenblick bei dir. Du bist mein kleines Kind, das ich bei der Hand nehme. Vergiß die Angst. Es wird dir nichts geschehen. Wenn ich dich auf Reisen mitnehme, verspreche ich dir die lichterfüllte Reise der LIEBE. Du wirst darin deinen eigenen Glanz und deine Erfüllung finden. Gib mir deine Furcht, gib mir deine Zukunft, deine Sorgen und deine zu schweren Gedanken. Wenn du mir all dies gibst, werde ich es in Licht umwandeln, und du wirst leicht sein in den Armen des Unendlichen.

Laß dich tragen. Siehst du nicht, daß ich weine, weil ich nicht zu dir gelangen kann? Öffne mir deine Hände, dein Haus, öffne mir dein Herz. Ich warte geduldig, bis du willig bist, mich zu finden, denn ich bin die Lösung deiner Qualen. Ich verwandle die Angst in Perlen der Freude, das Leiden in unerwartete und wundervolle Geschenke. Ich bin in dir das Ferment des Glückes und der Ewigkeit, diese konstante und verborgene Stütze.

Erlaube dir, mich zu sehen, anders in mir wiedergeboren zu werden, um endlich zu entdecken, daß das Leben nie endet und uns freudig unvorstellbaren Sonnen entgegenführt.«

Botschaft für eine Sterbende.

ER spricht:

»Beunruhige dich nicht, laß dich tragen von den Armen des Lichts, die dich nicht verlassen. Sie gehören diesem Bild der LIEBE an, so wie du es auf dem tiefsten Grunde deiner selbst wahrnimmst. Laß dich baden in der Zustimmung zu allem, was dir zustößt. Du bist völlig bereit für eine Transformation. Diese Transformation wird dich an einen Ort führen, dessen Herrlichkeit du nicht erahnen kannst. Gib alle Ablehnung auf, die sich noch an eine gewisse Art, die Dinge zu sehen, klammert. Es ist nicht mehr der Moment, dich zu strafen. Du hast keinen Fehler begangen. Der Fehler ist lediglich eine mentale Konstruktion.

Du bist frei, öffne deine Flügel, geh mit diesem Strom der Freude, der nichts verlangt, als dich über dich selbst hinauszuheben.

Dies ist nicht mehr die Zeit des Leidens. Nimm dieses große Glück an: Zu wissen, daß die LIEBE alle Macht hat, daß es genügt, sich ihr hinzugeben, um sich und die Welt zu verwandeln.«

Frage: Wie können wir uns am besten auf den Übergang des Todes vorbereiten?

ER spricht:

»Das wichtigste während unseres Lebens ist, uns auf den Tod vorzubereiten und in unablässigem Kontakt zu bleiben mit dem, was größer ist als wir.

Wenn wir in uns die lebendige Flamme des Göttlichen wachsen lassen und diese Präsenz des Lichtes bewußt im Geist halten, können wir sie im Moment des Todes ganz natürlich anrufen.

Dies verlangt eine Übung, eine konstante Aufmerksamkeit, doch diese Übung erlaubt es auch, die geheime Bewegung zu entdecken, die uns mit den Ereignissen unseres Lebens und der ihrem Ablauf zugrundeliegenden Motivation verbindet. Alles, was als Wahnsinn, Absurdität oder unnötiges Leiden erschien, erhält dann einen Sinn und eine Existenzgrundlage.

In unserem täglichen Leben ermöglicht uns diese permanente Aufmerksamkeit auf unser ,inneres Wesen', das Geschwätz zu reduzieren, sei es das von mehreren geteilte oder das im Reservoir eines übermäßig stimulierten Gehirns wohnende Geschwätz. Lärm und Agitation zersplittern uns und machen uns blind. Sie verraten die Angst, die uns vor uns selbst versteckt, und hindern unseren göttlichen Funken, sich zu manifestieren.

Paradoxerweise erlaubt die Vorbereitung auf den Tod in dieser Weise dem Leben, sich in einer neuen Gelassenheit zu entfalten. Es wird dann möglich festzustellen, daß der Tod kein Ende ist, sondern eine Geburt sein könnte, eine Veränderung unseres Zustandes, der sich mit diesem Funken des Göttlichen wiedervereinigt und ihm den ganzen Platz einräumt.

Es wird uns also auf der ständig neu beginnenden Wanderung dem Unendlichen entgegen vorgeschlagen, im selben Aufschwung diese beiden wunderbaren Reisen darzubieten, die

Reise des Lebens und diejenige des Todes, ohne sie voneinander zu trennen. Die Flamme, die wir während unseres Lebens in uns haben wachsen lassen, führt sie zusammen und einigt sie.

Wenn man anfängt, sein inneres Licht zu kultivieren, wird es immer offensichtlicher, daß der Tod nichts an der Existenz des Göttlichen in uns ändert. Er hat also keine Realität mehr, außer derjenigen, die wir ihm geben wollen. Es genügt, ihn neu anzuschauen und ihm eine andere Klarheit einzuverleiben, um die Macht zu entschärfen, die er auf unsere Einbildungskraft ausübt. Es ist möglich, sich der Angst, der Faszination und der Ablehnung, die er in uns auslöst, zu entledigen.

Laßt uns entdecken, daß das Leben und der Tod untrennbar schön sind und sich auf die großen Rhythmen des Kosmos einstimmen. Sie offenbaren sich in Wirklichkeit durch den Herzschlag des Universums, durch diese immensen Schwingungen, die sich von Welt zu Welt und von Raum zu Raum fortsetzen.

Leben und Tod drücken sich auf allen Ebenen des Wesens und der Erscheinungen aus, angefangen beim verschwindend kleinen Insekt bis hin zum Gesang der Sterne.

Leben und Tod drücken Verwandlung und Verschiedenheit aus, aber auch das, was wir wirklich sind, nämlich der Tanz oder das Lachen Gottes.«

DIE KUNST

Frage: Welche spirituelle Botschaft trägt das Triptychon »Die mystische Hochzeit der Heiligen Katharina« des Malers Hans Memling, und wie kann man diese Botschaft einem Publikum vermitteln?

ER spricht:

»Die spirituelle Botschaft dieses Bildes ist eine Vision des Malers, die sich durch das Gemälde selbst ausdrückt und nicht in den Worten, die man hinzufügen könnte. Der Maler hat die Vision der Katharina von Siena und ihre geistige Verbindung zutiefst gespürt, doch kann die dargestellte Szene auf verschiedene Arten betrachtet werden: Vorerst auf einer anekdotischen Ebene, dann auf einer symbolischen und schließlich auf einer Ebene, die eine verborgenere Sphäre berührt, an dem Ort, wo der Maler stumm mit der mystischen Erfahrung der Heiligen Katharina kommuniziert. Auf dieser Ebene sind die gesprochenen Worte nie mehr als ein Schleier, der eine Wirklichkeit verhüllt, die man in keiner anderen Sprache als der des Gemäldes erfassen kann.

Um diese Botschaft einem Publikum mitteilen zu können, sollte es genügen, das Kunstwerk zu zeigen und selbst damit in einem tiefen Kontakt zu stehen. Doch jeder versteht auf seine Weise. Die einen fühlen sich von der Farbe angesprochen, der Schönheit der Gesichter oder von der Komposition einer extremen Vielfalt. Etliche werden auf einer anderen Ebene von etwas berührt, ohne zu wissen, was dieses Etwas ist. Wieder andere analysieren jede Einzelheit und sind beruhigt, wenn sie Vergleiche anstellen oder diese Details an etwas hängen können, das sie bereits kennen. Gewissen Personen erlaubt das Gemälde den Zugang zu einer Ahnung von anderen Bewußtseinsebenen.

Aber wie kann man das Mysterium der Kunst beschreiben? Es ist so vielfältig, daß man es sehr schwer in Kategorien pressen kann. Jedes Gemälde kann sich auf tausend verschiedene Arten mitteilen, und oft ist die in Bildern erzählte Geschichte nur das Kleid einer Inspiration, deren Ursprung der Künstler selbst nicht kennt.«

Frage: Soll ich mit einem Cello-Studium beginnen?

ER spricht:

»Das Erlernen des Cellos ist für dich der goldene Zweig, auf dem dein Glück ruht. Du brauchst nicht zu zögern. Die Musik wird dir erlauben, die etwas dunkle Welt auszudrücken, in die du dich einschließt. Und indem du sie ausdrückst, werden sich Türen zu neuen Klarheiten öffnen. Sie wird dir auch erlauben, eine Brücke zu den anderen zu schlagen.

Aber hänge dich nicht zu sehr an einen Wunsch nach Vollkommenheit ›für die anderen‹. Spiele vorerst für dich selbst, und wenn du so gut wie möglich für dich spielst, das heißt, dem Land deines Herzens am nächsten, wirst du zu den anderen gelangen.

Vergiß nicht die Wege der Freude, sie sind voller Musik. Freue dich, wenn du mit diesen Stunden beginnen kannst. Sie könnten dir weit über deine Erwartungen hinaus entsprechen.

Wir haben es in den kommenden Zeiten mehr und mehr nötig, Stimmen oder Wege zu finden, die uns über uns selbst hinausführen, unbekannten Ländern entgegen. Mit dem Entschluß, dieses Studium aufzunehmen, setzt du deinen Fuß auf die erste Stufe einer neuen Etappe. Die Schritte, die du in dieser Richtung tun wirst, könnten dem Sinn deiner kommenden Berufung entsprechen, nicht nur durch die Interpretation der Werke von anderen, sondern vor allem in bezug auf eine neue Art der Kommunikation. Bei dieser Kommunikation wird es sich um die Übermittlung einer neuen Existenz- und Denkweise handeln.

Hab Vertrauen, und höre aufmerksam auf deine innere Melodie. Sie leitet dich und verläßt dich nie.«

Frage: Was ist die Aufgabe der Musik in unserer Beziehung zum Göttlichen?

ER spricht:

»Die Musik ist der göttliche Weg *par excellence.* Sie führt uns auf dem lichten Strom, der uns mit einer anderen Intelligenz, der Intelligenz des Herzens, verbindet.

Diese Öffnung zu einem anderen Raum ist selbstverständlich eine persönliche Öffnung. Sie entspricht der Begegnung zweier Mentalitäten, der des Schöpfers einerseits und der des Zuhörenden andererseits. Doch die Musik repräsentiert auch das kollektive Streben einer Epoche.

Dies ist bei allen Kunstarten der Fall. Sie sind nie etwas anderes als die Widerspiegelung unserer Wünsche nach einem Jenseits unserer selbst, und sie drücken manchmal dessen verborgenste Aspekte aus.

In diesem Moment der Transformation kann die Musik ein Mittel sein, sich dem Unbekannten eines neuen Zeitalters entgegenzuschwingen. Unsere Hoffnung ist zur Zeit das Überleben des Planeten. Dies ist ein einfaches und ursprüngliches Streben. Die Musik ist die Gabe, die es uns ermöglichen wird, unsere Überwindung auszudrücken und diesen von der ganzen Menschheit geteilten Wunsch zu konkretisieren.

Der Ton ist ein Schlüssel, der die Tür zum Göttlichen in uns öffnen und es rasch verbreiten kann.

Die Zeit, die Musik für intellektuelle Recherchen oder originelle Spiele zu gebrauchen, die nur für eine ‚Elite' bestimmt sind, ist vorbei.

Die Musik ist ein königliches Mittel des Rufes, der Öffnung und der Erlösung.

Die Gefahr des Untergangs ist ein Gefühl, das mehr oder weniger konstant im Herzen aller Menschen schwelt. Diese Gefahr führt uns endlich zusammen in einem gemeinsamen Ziel, das wir erreichen können, indem wir die Einheit mit unserem ›Wesen‹, den anderen und dem Universum wiederfinden.

Wenn die Musik dieses essentielle Streben weiterverbreitet, wird sie selbst die Intelligenz der LIEBE.«

SPIRITUALITÄT

Frage: Was muß ich tun, wenn mich gewisse Personen als ihren geistigen Führer ansehen?

ER spricht:

»Du kannst die Leute nicht daran hindern, dich zum Führer zu wählen, aber sieh die Rolle nie als wichtig an, denn das Ego reißt sie sehr rasch und gewandt an sich. Ihr seid alle Führer, einer für den anderen. Wenn du zu einem gewissen Zeitpunkt der ‚Meister' einer Person bist, kann diese zu einem späteren Zeitpunkt auch dein Meister sein.

Eine große Wachsamkeit ist nötig, um keine Beziehungen ‚Dominierender - Dominierter' zu schaffen. Der Dominierende bläst sein Ego auf, und der Dominierte lebt durch die Vollmacht des anderen. Es ist keine Entwicklung möglich, wenn eine Macht- und Unterwerfungsbeziehung besteht, zumindest nicht in dieser Beziehung.

Einklang und Mitgefühl ziehen weder Urteil noch Machtbeziehungen nach sich.

Bleib eine lebendige Flamme, die es durch ihren Schein manchmal ermöglicht, die innere Flamme derer zu entzünden, die bereit sind. Nur in diesem Sinne bist du ein Führer.«

Frage: Wie könnte ich mich dessen entledigen, was meine Entwicklung noch hindert?

ER spricht:

»Steig hinunter in deine unergründlichen Tiefen, indem du den Streß und alle Fesseln der Gedanken oder des Willens beseitigst, die dem zweiten Teil deiner selbst entstammen, der noch nicht integriert ist.

Wenn du dich auf dem unbeweglichen Teppich dieses unendlichen Friedens befindest, wirst du alles auf einen Schlag loslassen können. In jenem Moment wirst du dich total umwandeln können. Dann werden neue Frühlingsknospen sprießen. Wenn du auf dieser Ebene jeden Wunsch aufgibst, anders zu sein oder die anderen zu ändern, wird sich deine eigene Umwandlung übertragen. Du wirst dann genau wissen, was zu tun ist, weil deine Handlungen aus den Wurzeln des, Seins' geboren werden und nicht aus einer Dualität stammen (z.B.: , Ich will R. oder M. helfen, sich zu verändern, gesund zu werden = Unterscheidung zwischen mir und dem anderen) .

Wenn du ausgehst von der grundsätzlichen Zustimmung zu dem, was ist, kann sich die Verwandlung realisieren. Du entdeckst dann, daß sich die Ausbreitung des Lichtes ganz von selbst durch dich vollzieht, aber auch durch die anderen zu dir hin.

Es ist in diesem: ,Ja, ich lasse die Zügel meines Willens über die Welt los', in dem ein Samen geboren werden kann, der wachsen und wirken wird mit der Blitzeskraft der LIEBE.

In diesem Moment wird kein Wunsch mehr deinen inneren Frieden stören. Du verstehst diese Sprache, weil du dazu bestimmt bist, diese Umwandlung zu vollziehen.«

Frage: Wie kann ich die Glückseligkeit einer früher erlebten geistigen Erfahrung wiederfinden, die sich nicht wiederholt?

ER spricht:

»Meine Gegenwart ist in deinem Herzen, nicht in deinem Kopf.

Und jedesmal, wenn du in dein Herz hinuntersteigst, begegnest du mir, denn ich verlasse dich nie.

Wenn du nichts erwartest und nichts vorbereitet hast, wenn du einfach dein Herz öffnest, kann ich dich gänzlich mit Licht erfüllen. Dann bin ich es, der aus deinen Augen schaut.

Laß dieses Licht in dir leuchten. Entscheide nicht, auf welche Weise sich die Ereignisse abzuspielen haben.

Versuche nicht, etwas bereits Erlebtes wiederzuerleben.

Es ist nicht möglich, mich zu fassen. Ich bin der freieste Funke deiner selbst.

Ergib dich wie ein kleines Kind der unermeßlichen Liebe, die dir geschenkt wird. Wenn du begreifst, daß du vollkommen akzeptiert wirst, so wie du bist, wirst du die Einheit in deinem Herzen wiederfinden.

Dieses Gefühl der immer lebendigen und immer neuartigen Einheit wird dir ‚anders' gegeben werden. Vergiß nicht, es zu erkennen.«

Frage der Autorin: Muß ich eine bestimmte Richtung einschlagen, um meine Transformation in Verbindung mit einer generellen Transformation zu unterstützen oder zu aktivieren?

ER spricht:

»Betrachte dein Glück mit aller Einfachheit und Offenheit, deren du fähig bist. Dies ist die einzige ‚Erfahrung', die ich dich zu leben bitte. Es ist nicht nötig, sich in alle Richtungen zu verrenken, um eine extravagante Transformation zu erfahren. Dies würde heißen, daß du dich auf gewisse Erfahrungen beziehst, die in Büchern beschrieben werden, seien sie zeitgenössisch oder alt, von hier oder anderswo.

Die Transformation geschieht ganz von selbst. Sie installiert sich in dir, ohne daß du dies wirklich merken könntest. Sie vollzieht sich auf deine Weise, die harmonisch und ruhig ist. Indem du deinen GELIEBTEN ansiehst, aktivierst du das Glück auf Erden. Verliere dies nie aus den Augen, weder in dir noch anderswo, denn es lehrt dich die LIEBE ohne Grenzen, die dich in der Einheit auflöst.

Schließe die Flamme der Göttlichen Liebe in deine Arme. Dies ist ein Erdenglück, das dennoch nicht von dieser Welt ist. Es ist eine Freude, die am Rande des Unmöglichen schwankt und sich dennoch solider als ein Fels im Herzen deiner Wirklichkeit einwurzelt.

Manchmal scheint es dir, als hättest du einen Sprung in die Leere zu tun, und eine gewisse Furcht meldet sich wieder. Warum fixierst du dich auf die Idee, daß man ins Leere springen ‚muß'? Man ‚muß' nichts. Bleib offen und transparent, bereit, mich in allen möglichen Formen zu empfangen, und du wirst ohne anzustoßen in den Fußstapfen der Ewigkeit ›wandeln‹.«

Frage: Wie kann ich wirklich ich selbst sein?

ER spricht:

»Schließe dich ohne Furcht an die Unendlichket meiner Gegenwart an. Du wirst darin eine innige und absolute Freude finden, die keine einzige Verpflichtung in sich trägt. In der Liebe gibt es keine Pflicht. Richte deinen Blick auf das höchste Licht, darin werden sich deine Hände von selbst auftun, und die Gaben, die dir das Leben bestimmt hat, werden sich natürlich ausbreiten. Sie werden aus deinem Herzen geboren, und du hast nichts mehr zu tun, als sie blühen zu lassen. Auf diese Weise wirst du ständig neue Inspirationen entwickeln, die das Wesen dessen, was du bist, ausdrücken.

Vergiß den Streß und die Aufregung, die dich in den Zwischenzonen aufhalten, wo ich nicht zu dir kommen kann. In diesen Zonen können sich gewisse Einheiten infiltrieren und deine Wachsamkeit täuschen. Diese Einheiten sind nichts anderes als das Resultat der von den Menschen ausgestrahlten Ängste und Herrschaftsgelüste, sei es in bezug auf andere oder auf sich selbst. Sie konfrontieren dich mit deiner eigenen Gespaltenheit.

Laß in dir den bewegten Strom der Existenz fließen. Klammere dich nicht an die Idee, du ‚müßtest' eher die eine als die andere Sache tun. Ergreife keinen Besitz vom Leben. Laß es seinen Weg von allein gehen. Indem du dich führen läßt, wirst du verstehen, daß du selbst dieses Stück Leben bist, das vorbeizieht und nie stillsteht.«

Frage: Liebt Gott seine Schöpfung, die von der Unschuld (dem Sohn) bis zur Illusion des Getrenntseins und von der Kenntnis der Einheit bis zur imaginären Zersplitterung reicht?

ER spricht:

»Der Kosmos, die Einheit oder Gott, wenn dir dieser Name entspricht, erkennt sich in allen Manifestierungen. Er liebt sich selbst in jedem Lebenstropfen des Universums. Er verwirklicht sich in ihnen. Er amüsiert sich bis ins Unendliche mit seiner Schöpfung und wird sich seiner durch sie bewußt. Er spielt auch mit den Teilen seiner selbst, die meinen, sie seien abgetrennt. Er ‚sieht' sich in allen Dingen auf dieselbe Weise, wie sich jedes Ding in ihm spiegeln kann. In diesem gigantischen Spiegelspiel wird der Teil, der sich abgetrennt glaubt, gleichzeitig ‚Schöpfer' und ‚Geschöpf', wenn er die Einheit wiederfindet. Das heißt, daß jede Parzelle Leben auf Erden und anderswo die Möglichkeit einer unendlichen Schöpfung in sich trägt. Er erschafft sich selbst, indem es jeden seiner Teile erschafft. Diese Teile wiederum erschaffen den Kosmos, wenn sie das Spiel der ›Nichtdualität‹ spielen, das heißt, wenn sie sich ihrer Quelle bewußt werden.

Wenn der ›unschuldige Sohn‹ eine Manifestierung darstellt, die nicht in der Illusion des Getrenntseins verharrt, führt er diejenigen, die bereit sind, zum Wissen um die Einheit oder zur Mit-Schöpfung.

Für dich in der Mitte, den Zuschauenden, der diese intellektuelle und metaphysische Frage stellt, kann die Antwort nur auf dieser Ebene gegeben werden.

Doch ist eine andere Wirklichkeit möglich, die sich nicht auf derselben Ebene befindet. Sie kann durch kein Wort übermittelt werden. Sie wird erlebt. Es ist also sehr schwierig, einen Kontakt zwischen der Vernunft, die mit Konzepten umgeht, und dieser anderen Realität herzustellen. Der Intellekt kann sie umkreisen, ohne sie je fassen zu können. Man kann sie einzig berühren, indem man sich versenkt. Die intellektuelle Spekulation kann in dem Maß nützlich sein, in dem sie fähig ist, in der Stille zu verharren und sich selbst aufzugeben. Dies ist das Ende der Reise und die Geburt zu etwas Neuem.

Wenn sich die begrenzte Intelligenz des Menschen dem Unbekannten einer anderen Intelligenz ergibt, wenn sie nicht mehr in speziellen Konzepten oder Denkweisen gefangen ist, wird es möglich, zu dieser sensiblen Möglichkeit vorzustoßen, die nicht in Worten enthalten ist. Dann geschieht das herrliche Aufleuchten ohne Gesicht, dann lodert das Feuer des Lebens. Es ergibt sich ein Aufschrei der Freiheit, eine unendliche Spirale, die sich ewig erneuert und weiterbewegt ohne Anfang und Ende.

Frage: Wie ist es möglich, meine spirituelle Unabhängigkeit und Eigenständigkeit zu bewahren, ohne von der Lehre abzuweichen, die ich von B erhalten habe, wenn ich mich der Anziehungskraft ergebe, die ich für B als spirituellen Lehrer empfinde?

ER spricht:

»Das Göttliche ist überall, in B wie in dir. Weshalb willst du es trennen?

Du hast alle Rechte, die ganze Freiheit, Gott dort zu erkennen, wo du Lust hast, ihn zu erkennen. Die Abhängigkeit von einem spirituellen Lehrer kann nur in bezug auf das Ego empfunden werden, in Verbindung mit einer Macht der Trennung. B ist niemand anderes als du selbst. Wie du, so ist er das Leben, doch ist er alles und niemand mehr, weil er kein Ego und keine Grenzen hat. Aber alle Wege sind gut, um die innere Wahrheit zu finden. Es ist kein Verirren möglich, wenn du wahr bist mit dir selbst (was heißt, in gleicher Richtung zu denken, zu reden, zu tun und zu sein).

Heute benötigst du die Sicherheit einer traditionellen Lehre. Das ist im gegenwärtigen Moment gut und legitim für dich. Morgen wirst du vielleicht Lust haben, in das Märchen einzutreten, das dir B anbietet. Übermorgen könnte dich ein neues Aufsprühen gänzlich erfüllen, und du wirst dann die universelle Quelle in deinem Herzen finden. Laß die Wahrheit in deinem Herzen wirken, in Harmonie mit dem, was du zur Zeit bist. Akzeptiere es, dich zu ändern, dich in die ständig neue Bewegung des Lebens gleiten zu lassen. Deine Wahrheit wird die Farben des Regenbogens annehmen. Sie wird sich deiner Empfindsamkeit und der Evolution deines Wesens anpassen. Sie wird wie eine leichte Brise das freudige Boot deiner Bestimmung antreiben. Wenn du ohne Angst navigierst, deine Flügel dem weiten Wind öffnest, kann dich nichts mehr daran hindern, das stille Gleißen, das Licht des Göttlichen im Laufe deiner Tage und Nächte zu leben.«

Frage: Was kann man tun, wenn sich eine Kluft zwischen einem selbst und dem Rest der Familie auftut, weil man sich auf einer inneren Suche befindet?

ER spricht:

»Der Weg zum Göttlichen ist einsam und still. Jeder findet ihn auf seine Weise, und die einzige Möglichkeit, ihn zu teilen, ist, ihn durch seine Handlungen, Gedanken und Öffnungen des Herzens widerzuspiegeln.

Es ist manchmal schwierig, das Göttliche in unserem täglichen Leben zu finden, und doch ist es von ihm nicht getrennt. Man muß sich nicht von der praktischen Welt absondern, um es zu finden, sondern muß im Gegenteil mit seinem ganzen Wesen dafür eintreten, um über den Erscheinungen einen anderen Atem zu entdecken, den Atem der allem zugrundeliegenden Einheit, die alle Dinge unter sich verbindet.

Wenn man wegen einer Suche dieser Art eine Entfremdung von seinem Partner oder seiner Familie verspürt, so heißt dies, daß man über den anderen ein Urteil fällt: Er sollte anders sein, er sollte den gleichen Weg gehen oder dieselbe Art des Suchens haben, es ginge ihm dann besser etc... Doch ist das Urteil bereits ein Mangel an Liebe und ein Hindernis für die unternommene Entwicklung. Wir haben den anderen nichts aufzudrängen, weder in bezug auf unseren Glauben, noch auf das, was wir leben. Jeder findet seinen Weg, wenn er wirklich er selbst ist, ohne alle Einschränkungen. Niemand als er selbst wird wissen, auf welche Art und mit welchen Mitteln er den inneren Raum finden kann, der ihm Freude und Freiheit schenkt. Worte oder sogenannte ›geistige‹ Übungen sind selten das Ferment der Entdeckung, vor allem für jene, die das Windsurfen oder das Aquarellieren vorziehen. Diese Vorträge und Übungen werden dann wie ein Vorwurf empfunden und lasten auf der Harmonie und dem Gleichgewicht einer Familie.

Gehe ruhig deiner inneren Sonne entgegen. Deine Rücksichtnahme, deine Hingabe und dein Strahlen werden die sichersten

Garanten der Freude und Gelassenheit sowohl für dich selbst als auch für deine Umgebung sein.

Du wirst dann, sogar ohne es zu merken, dieses unschätzbare Geschenk übermitteln, das Licht deines Herzens.«

Frage: Warum steigen negative Reaktionen in mir auf, wenn ich mich an B wende? Weshalb habe ich undeutliche oder unangenehme Träume? Dennoch möchte ich B gern als eine Manifestation des Höchsten ansehen.

ER spricht:

»B manfestiert sich in jeder Person nicht nur in bezug auf das, was sie selbst spürt, sondern auch in bezug auf ihre Probleme, die aufgedeckt werden. Wenn in dir zum Beispiel eine Angst vor Macht, Kraft oder etwas anderem herrscht, wird sich B auch dadurch offenbaren.

Er sagt oft: ›Ich bin du.‹ Er ist für viele ein Bild der als Mensch inkarnierten Göttlichkeit, doch hat er keine Realität als individuelle Person, denn er ist ohne Ego.

Wenn er sich dir in negativer Form offenbart, so prüfe sehr tief und klar die Furcht oder die Schuld, die du in dir trägst. Er könnte eine Autorität darstellen, die du verurteilst oder bedauerst, weil du sie wie einen integrierten Bestandteil deiner selbst empfindest. Es ist auch möglich, daß du noch eine Angst in bezug auf das Unverständnis des Vaters oder der Mutter in dir hegst, und B konfrontiert dich mit dieser Angst, damit du sie überwinden kannst.

Es kann sein, daß du in dir diese Kraft ablehnst, die wir alle besitzen und die uns Zugang zu unbekannten Welten schaffen könnte.

Zusammenfassend liegen vielleicht die Angst vor der Autorität und die Angst vor dem Unbekannten auf dem Grunde dieses negativen Eindruckes. Akzeptiere ruhig, was dir gegeben wird, ohne es zu wichtig zu nehmen. Es kann sein, daß sich die Erscheinungen verändern werden, wenn du Schritt für Schritt deine Mechanismen besser verstehst. Es ist nicht zwingend für dich, B als Modell der Offenbarung des Höchsten anzunehmen. Du kannst ein anderes oder gar kein Bild wählen. In diesem Falle behältst du in deinem Herzen ein strahlendes Licht, und alle Stützen, Bilder oder Konzepte verschwinden.

Doch bevor du herausfindest, was dir am besten entspricht, lerne die tiefen Motivationen deiner Handlungen und Gedanken erkennen. Bringe alle im Unterbewußten vergrabenen Triebkräfte ans helle Tageslicht. Es wird dann immer leichter sein, dich der kleinen Hindernisse zu entledigen, die eine konstante Realisierung deines Glückes verzögern. Wenn du dieses Bewußtsein deiner selbst erhellen und daraus ein immer strahlenderes Kunstwerk schaffen kannst, wirst du ganz natürlich zu den neuen Landschaften geführt, deren Schönheit dir zur Zeit unvorstellbar ist.«

Frage: Was ist der Unterschied zwischen Seele und Geist?

ER spricht:

»Deine Seele ist deine persönliche Reise auf dieser Seite Gottes. Dies bedeutet, auf der Seite einer Bewegung der Transformation zu einer immer höheren Verfeinerung deiner Möglichkeiten das Göttliche zu spüren.

Dein Geist ist nicht persönlich. Er ist deine andere Bewegung, die mit der Bewegung des Lebens verbunden ist. Er ist also generell die Lebenskraft, doch wenn er sich durch deine Grenzen ausdrückt, läßt er diese explodieren.«

Frage: Was ist meine Aufgabe in diesem Leben?

ER spricht:

»Deine Aufgabe ist die langsame Reifung, die sich in deiner Seele vollzieht und derer du dir nicht immer bewußt bist.

Deine Aufgabe ist dieses ‚Sich-Ergeben', das dich manchmal durchströmt und dir erlaubt, mit einem göttlichen Raum in Verbindung zu treten, dort, wo dich meine Liebe erfüllt. Deine Aufgabe ist es, deine Schranken, deine Unruhe und deine Angst fallen zu lassen, damit ich mich durch dich ausdrücken kann. Deine Aufgabe ist die Vergebung. Vergib dir selbst, wie ich dir vergebe und wie du den anderen vergibst. Deine Aufgabe ist es, in dein Herz einzukehren, in diesen friedlichen Garten, in dem ich über dich wache.

Schenk mir jeden Tag, ohne deine Angst und deine Schuld zu zählen, auf dieselbe Weise, wie du deine Großzügigkeit über die Deinen ausschüttest.

Dein Leben ist gelungen, denn du bist mir begegnet, nicht durch ein Dogma oder eine Verpflichtung, sondern in der Realität deines Herzens und deiner täglichen Existenz.«

Frage: Wie kann man auf dem richtigen Weg bleiben, und was heißt »der richtige Weg«?

ER spricht:

»Der richtige Weg ist der Strom des Lebens, das heißt, die Wanderung, welche zur Harmonie jeder Geste, jeden Gedankens und jeder Handlung sich selbst, den anderen und dem Universum gegenüber führt.

Wenn ein Mensch gut gestimmt ist wie eine Violine, spielt er ‚richtig'. Dies ist einer der Gründe für unsere Erdenreise. Jedesmal, wenn es kratzt, werden wir uns der Notwendigkeit bewußt, das Instrument, das wir sind, neu zu stimmen.

Die äußeren Ereignisse zeigen uns oft die Probleme, die wir noch in Ordnung bringen müssen. Sie sind also der Maßstab dessen, was in uns geschieht. Indem wir sie auf diese Weise ansehen, erhalten sie ein anderes Gesicht. Diese Veränderung unserer Art zu schauen, ist in sich selbst bereits eine Transformation. Sie beleuchtet alle Lebensprobleme anders, denn sie nimmt deren Notwendigkeit wahr. Sie sieht auch, daß ohne diese Probleme kein Verständnis möglich ist. Sie erlaubt eine Erweiterung des Bewußtseins und ein Annehmen der Ereignisse, welcher Art sie auch seien.

Jedesmal, wenn dich das, was dir zustößt, beunruhigt, prüfe den Widerhall, der sich in dir einprägt. Sieh, welche Bedeutung dieses Ereignis in bezug auf deine emotionalen und psychischen Mechanismen oder deine innere Entwicklung haben könnte.

Wenn du den Sinn der glücklichen oder unglücklichen Umstände in bezug auf deine persönliche Entwicklung aufdecken kannst, wirst du ein gut gestimmtes Instrument sein. Dein Weg wird ‚richtig' sein. Du kannst dann die Melodie deines Lebens in dem Takt spielen, der dir entspricht. Und du wirst entdecken, daß dieser Rhythmus auch mit deiner Umgebung, dem Gesang der Erde, der Sterne und des ganzen Universums übereinstimmt.«

Frage: Wie kann ich diese bedingungslose Liebe entdecken, von der ich träume? Ist das Leiden nötig, um zu ihr zu gelangen?

ER spricht:

»Du steckst deine Ziele sehr hoch, und das gelebte und überwundene Leiden zeigt dir das Maß dieser Hoffnungen.

Die unbedingte Liebe, von der du träumst, ist eine Befreiung jeden Augenblicks. Sie entspricht einer funkelnden und endlos erneuerten Freude. Sieh klar, wo das Leiden, das heißt deine Bindung, sitzt. Wenn du deine Beziehungen in der Liebe und nicht in der Bindung leben kannst, wirst du kein Problem haben. Sei dir deiner tiefen Motivationen klar bewußt, und unterscheide diejenigen, die deinem Ego entstammen, von denen, die dem innersten Licht entspringen. Das Ego ist ständig in der Macht und in der Bindung.

Alle Konflikte haben ihren Ursprung in der Bindung an eine Idee, einen Moralkodex, eine gewisse Art, die Dinge zu tun, einen Besitz, eine Erinnerung, eine Person etc. Stütze dich nicht unbedingt auf soziale oder religiöse Vorschriften. Finde in dir selbst die verborgene Wahrheit, die dich mit dem Göttlichen verbindet. Sie ist nicht notwendigerweise im Einklang mit den kollektiven Schemen. Entdecke den freien und unbegrenzten Raum, der dir gestattet, dein Herz dem ganzen Universum zu öffnen und wirklich du selbst zu sein.

Du strebst zu der Urkraft hin, die keine Grenzen hat, doch fürchtest du diesen Teil von dir, der dich verbrennen will. Vergiß nie, daß der göttliche Atem eine Flamme der Freude und der Liebe ist. Verbrenne alles in ihm, was nicht aus dieser verborgenen Wahrheit stammt, die nur dir angehört.

Du stehst kurz vor der Überquerung des Flusses. Wage es, deinen Blick zu verändern, und die Welt wird ihr Gesicht verändern. Deinem Herzen wird eine Welt der Wunder und des Lichtes entspringen, wo nichts mehr getrennt ist.«

Frage: Ist es möglich, vollständig in der Gegenwart zu leben und gleichzeitig alles wahrzunehmen, was sich in einem selbst abspielt?

ER spricht:

»Alles wahrzunehmen, was sich in einem abspielt, heißt genau, völlig in der Gegenwart zu leben. Doch handelt es sich nicht um eine Analyse, die dem Gehirn und dem Ego entspringt, sondern um den neutralen Blick, den man den Blick seines inneren Lichtes nennen könnte.

Da dieses Licht die innere Verbindung zwischen allen Dingen ist, gestattet es dem Ego, mit allem zu verschmelzen, wenigstens für die Dauer dieser stillen und absoluten Beobachtung, die einer anderen Wahrnehmung angehört.

Das heißt also nicht, jede Handlung, jedes Gefühl, jeden Gedanken oder jede Empfindung zu registrieren, sondern diese durch den alchimistischen Schmelztiegel eines anderen Blicks passieren zu lassen. Es ist gerade dieser globale Blick, der Blick der Liebe, der es dem Gedanken erlaubt, sich zu transformieren, um nicht mehr das Reservoir unnötiger Erinnerungen zu sein, die die Begegnung mit sich selbst verfälschen.

Wenn du den Ablauf deines inneren Lebens auf diese Weise beobachtest, bist du ‚eins' mit ihm, als ob du eine Rose betrachtest, bis du dich in ihrem Duft und ihrer Schönheit auflöst.

Wenn ihre Gedanken von Urteilen, Klassifizierungen, einem sperrigen Gepäck von Wissen und abgelaufenen Erinnerungen genährt werden, ist es nicht möglich, ins Jetzt einzutreten.

Sei frei von der Vergangenheit und erlöst von deinen Projektionen auf die Zukunft. Dies ist das sicherste Mittel, wahrhaftig einzudringen ins Selbst und ins Jetzt, die ewige Wiege der Erneuerung. Es besteht dann kein Unterschied mehr zwischen dieser endlosen Beobachtung des Lebens und dir selbst, das dessen Ausdruck ist.

Sich bewußt zu werden, was in einem passiert, heißt, sich des ganzen Ozeans bewußt zu werden und nicht nur jeden Tropfen Wassers, aus dem er besteht.

In diesem Sinne entspricht die Bewußtwerdung dem unendlichen Jetzt, in dem sich Zeit und Raum auflösen.«

Frage: Wo kann man die geistige Energie finden, die nicht nur einfacher Lebensmut ist?

ER spricht:

»Die geistige Energie verläßt uns nie, sie ist das Leben selbst.

Auf der Ebene der Dualität sind wir von ihr getrennt, weil wir unfähig sind, uns einfließen zu lassen in den Strom der Existenz. Wir akzeptieren die Möglichkeit nicht, bewußt ›ja‹ zu sagen zu dem, was geschieht.

Dieser Trennungswille, der uns zu einer konstanten Kontrolle aller Situationen führt, schließt uns in einem Gefängnis ein, das wir nicht sehen. Wenn wir in jedem Augenblick loslassen, ist es möglich, die geistige Energie unablässig zu erneuern. Die Zustimmung erweitert die gegenwärtige Sekunde, um aus ihr einen unendlichen Raum zu schaffen. Die Zeit verschwindet dann in dem, was man die ›Präsenz‹ oder den göttlichen Atem nennen könnte. Die Quelle sprüht in dieser anderen Existenzweise. Sie sprüht nicht nur, sondern wir stellen fest, daß wir selbst diese Quelle sind. Diese Feststellung verwandelt uns und führt uns zu einem Zustand, der es erlaubt, die Energie des Lebens wie ein Echo zu aktivieren, weiterzugeben und sie in ihrem Aufblühen auszudrücken.«

Frage: Was ist die Wurzel des Zweifels und welches das sicherste Mittel, ihn auszumerzen?

ER spricht:

»Der Zweifel wird in dem geboren, was uns entzweit, das heißt im Ego. So wie das Ego ist auch der Zweifel auf einer gewissen Ebene des Wesens notwendig. Er geht allen im Erdenleben zu treffenden Entscheidungen voraus. Er ist der Maßstab, die Waage der täglichen Existenz. Er läßt nachdenken, Fehltritte, Illusion, Täuschung und die Vorspiegelung falscher Tatsachen vermeiden und kann durch Bewußtheit zu einer anderen Stufe des Lebens führen.

Doch wenn diese Stufe entdeckt ist, wenn sich die Illusion der Dualität auflöst, wird der Zweifel ein Hindernis, ein schwarzer Schleier am Horizont. Er verhindert das Auftauchen des Göttlichen, die Fusion mit dem Licht, weil er auf dieser Ebene von einer anderen Seite des Egos, nämlich der Angst vor dem Unbekannten, erzeugt wird. Er ist die Angst, sich auf eine Reise der Seele einzulassen, auf der man eine unerträgliche Wüste und einen Identitätsverlust befürchtet. Der Zweifel ist die Versuchung, auf das Licht zu verzichten. Er verfolgt, windet sich, beharrt, schleicht sich ein und verwechselt sich mit dem kleinen Ich, das immer in Furcht lebt.

Das sicherste Mittel, ihn auszumerzen ist, ihn zärtlich anzuschauen und ihn in seinem Herzen und in der Einheit der LIEBE zu wiegen.

Den Zweifel völlig zu akzeptieren, um daraus die Substanz der Flamme zu machen, die uns belebt, ist das beste Mittel, sich nie mehr im Leiden, das er verursacht, gefangen zu finden. Dann ist er der Brennstoff, der die Glut des göttlichen Staunens anfacht.

So verwandelt sich in der Bewegung zur Einheit der Schatten in Licht.«

Frage: Warum diese ›Trennung‹, diese Entfernung vom ursprünglichen Zustand, von der Unbefangenheit des Kindes und ebenso vom Vorzug der eigentlichen Spiritualität? Weshalb und wie diese Rückkehr? Gibt es ein spezifisches Element, das fähig ist, diese Erneuerung oder ›Wiedergeburt‹ auszulösen?

ER spricht:

»Diese Trennung ist nötig, damit sich das Bewußtsein umwandelt durch die Dualität, die eine Art und Weise ist, das kosmische Spiel zu ›spielen‹.

Die ›Heimkehr‹ ist das essentielle Ziel jedes Menschen. Diese Rückkehr ist das höchste Geschenk, und doch haben wir das einheitliche Wesen, das wir sind, nie verlassen. Aber wir glauben, wir hätten es verlassen.

Wenn dieser Glaube verschwindet, können wir unsere kindliche Unbefangenheit wiederfinden. Doch finden wir sie auf einer anderen Ebene wieder, denn wir haben in der Trennung die Vielfalt erlebt (oder haben geglaubt, sie zu erleben) und können nun alle Elemente des Universums anders in uns vereinigen. Indem wir spielen, sie voneinander getrennt wahrzunehmen, nehmen wir am ursprünglichen Paradox teil.

In diesem Pulsschlag des Lebens, Dualität - Einheit, in diesem Übergang von der Dualität in die Einheit, manifestiert sich auf der Stufe der Unendlichkeit, was man das ›kosmische Lachen‹ oder die ›universelle Farce‹ nennen könnte, in einer Art Explosion der Freude.

Wenn wir diesen Pulsschlag der Existenz ruhig annehmen und den Zustand der Trennung beobachten, der es uns erlaubt, uns von neuem im Lachen des Universums wiederzufinden, können wir ins ›JETZT‹ eintreten. In diesem Moment fühlen wir uns emporgehoben zu den unendlichen Landschaften des Wesens, wo die Worte keine Geltung mehr haben.

Indem man die Gespaltenheit oder die Illusion der Gespaltenheit vollständig und bewußt akzeptiert, vollzieht sich der Übergang in die Einheit. Er ist das Resultat dieses Akzeptierens (Akzeptieren im Sinne der neutralen Beobachtung).«

JESUS

Frage der Autorin an »IHN« bezüglich eines Films über das Leben Jesu: Existiert in diesem Film über Jesus irgend etwas, das der Realität von vor 2000 Jahren entspricht?

Ich finde nichts von dieser blitzenden und strahlenden Flamme, die in meinen Zellen lacht. Wenn dein Bildnis das einer vergangenen Inkarnation ist, warum wirst du dann wie ein stereotyper, erbärmlicher Hampelmann ohne Leben dargestellt?

ER spricht:

»In der Inkarnation dieses jungen Eingeweihten vor 2000 Jahren war ich in der Tat nicht diese charakterlose Person ohne Wurzeln. Ich war ›ANGESCHLOSSEN‹, das heißt, ich wohnte vollständig in meinem Bauch und gleichzeitig im Bauch der Erde. Dies war für mich die einzig mögliche Weise, mit dem Himmel in Verbindung zu sein.

Die Tradition hat mich zum Erstarren gebracht, mumifiziert in einem von seinem Zentrum entfernten Bildnis ohne Tiefe.

Man stellt mich wie einen Kranken mit nach oben gedrehten Augen dar. Ich war nicht von meinem Lebenszentrum abgetrennt. Ich hatte die Einweihungen empfangen, die zur Erweckung der körperlichen Fähigkeiten im Zusammenhang mit denen des Geistes führen. Dies erlaubte mir die innere Stille, deren Macht die Umgebung verwandelt. Es gestattete mir auch, inspirierte Worte zu verbreiten, denn mein Körper, meine Seele und mein Geist waren ‚eins' mit dem GANZEN, das ich ›meinen Vater‹ nannte.

Nur ein Schauspieler, dem die göttliche Gegenwart völlig innewohnt, könnte diese Rolle spielen. Vielleicht könnte ein atheistischer Schauspieler, der nach und nach die Kraft und Schönheit der Botschaft entdeckt, diese Person mit neuem Elan und einer neuen Freiheit interpretieren. Seine Interpretation würde dann zu einer Wirklichkeit für die Menschen von heute.

Ich habe mich nicht in einem menschlichen Körper inkarniert, um ihm die Eingeweide abzuwürgen oder die Sinne zu schwächen.

Ich habe in einem gesunden und von Freude erfüllten Körper vollständig existiert, ohne Restriktionen und Tabus. Ich habe auch den Schmerz und die Hingabe bis auf den Grund meiner Marter gelebt.

Die Menschen stellen mich dar mit aller Schuld, aller Lebensangst und der Kleinheit, die sie in ihrem armen, eingeengten Herzen fühlen. Sie trennen mich ab von allem, was in ihnen verklemmt, verdrängt oder zurückgewiesen ist. Sie stellen mich auf einen Sockel wie ein Idol ohne Leben und streiten sich um den Wahrheitsgehalt der noch vorhandenen kollektiven Erinnerung von meinem Aufenthalt auf der Erde.«

Frage: Warum wird gelehrt, Jesus habe am Kreuz »für unsere Sünden gebüßt«, indem er auf schreckliche Weise starb, wenn doch ebenfalls gelehrt wird, daß Gott Liebe und Vergebung ist?

ER spricht:

»Steig hinunter in dich selbst, zu deiner Quelle, und alle Antworten werden dir gegeben. Sie kommen dann aus dem Teil von dir, der angeschlossen und eingetaucht ist in die Kenntnis des Wesentlichen.

Ich, der gekreuzigte Jesus, habe mein Leiden transzendiert und der Welt nichts als Licht geschenkt. Gott hat mir diese Chance einer totalen Überwindung gegeben. Es gibt weder Sünde noch Buße, einzig das Leiden. Ich habe allen Schmerz der Welt getragen, um ihn in LIEBE umzuwandeln, doch nichts hat mich dazu verpflichtet. Ich hätte meinen Körper zu jedem Zeitpunkt meiner Wahl verlassen können, denn der göttliche Atem wohnt mir vollständig inne. Ich wollte gegenwärtig bleiben bis zum Ende des Leidens, damit euch mein Herz geschenkt würde.

Klammere dich nicht an den Buchstaben der alten Texte. Spüre, wie ich in dir selbst lebendig bin. Ich bin da, das Gefäß der Freude und des Lachens in deinem Innern. Vergiß dieses Bild der Marter. Sieh das strahlende Antlitz, das ich für dich annehme. Es ist das, was ich jetzt im Herzen derer bin, die sich meiner Ankunft öffnen.

Dies ist die Zeit, anders zu schauen, seinen Gesichtspunkt zu verschieben, sich nicht mehr auf die verstaubten Gebäude der Vergangenheit zu stützen.

Gehe dem anderen Ufer deiner selbst, der unbekannten Morgenröte entgegen, die von der LIEBE entflammt wird.«

Frage: Wut und Revolte steigen wider meinen Willen in mir hoch, wenn ich Worte über die Marter Jesu höre. Diese Worte stoßen mich in Schuld, Schande und unterdrücken meine Lebensfreude. Wie kann ich mich damit konfrontieren?

ER spricht:

»Wut und Revolte sind äußerst nützlich, wenn man seit der Kindheit das Gewicht eines deformierten und falsch verstandenen Christentums erduldet hat, das einen erdrückt und das Leben verschmutzt.

Wut und Revolte werden dir helfen, aus dieser organisierten Erpressung auszusteigen, denn du hast zu lange die schrecklichen Bilder einer bedrohlichen Religion ohne Freude ertragen.

Diejenigen, die töten, ganz egal, auf welche Art, sind immer dieselben. Sei es, daß sie mich töten, weil sie Angst haben, die Freiheit verabscheuen und Macht wollen, sei es, daß sie meinen Tod gebrauchen, um dich zu töten. Aber täusche dich nicht, der Prozeß ist identisch: Indem sie dies tun, beginnen sie meine Tortur endlos von neuem.

Ich, der auferstandene Jesus, bitte dich, den Funken der Freude, des Glücks und der Liebe zu erkennen, der ich in dir bin. Wenn ich dies nicht bin, so bin ich nichts, und es ist besser, mich zu vergessen.

Wenn du deine Wut und deine Revolte akzeptiert hast, wenn du sie bis auf den Grund deiner selbst gelebt und begriffen hast, daß sie dich von deiner Untertänigkeit befreit, kannst du sie aufgeben. Du kannst sie dann in der Einheit deiner Freude verschmelzen lassen, und keine Schuld wird dich daran hindern können, selbst das Bildnis deiner Freude zu schaffen.

Wenn dir mein Name wegen der Verzerrungen, die dir durch deine religiöse Erziehung aufgezwungen waren, nicht entspricht, wähle ein anderes Symbol der Liebe und Erlösung. Der Name ist nicht wichtig, einzig die Empfindung, die du für deine innere Flamme hast. Sieh die Grazie eines Vogels an, der sich aufschwingt, oder die Schönheit deiner Berge, so wirst du das Göttliche finden, das die Quelle allen Lebens ist.

Es genügt zu lieben, und jedes Ding, das dir auf dem Weg deiner Bestimmung begegnet, wird für dich das Antlitz Gottes sein.«

Frage: Welchen Sinn muß man heute den folgenden Worten Jesu geben - »Wer mir nachfolgen will, verkaufe alles, was er hat, und gebe das Geld den Armen.« -?

ER spricht:

»Klammere dich nicht an Worte, die vor 2000 Jahren gesprochen worden sind. Klammere dich an nichts, wenn du ins Boot der Liebe einsteigen willst. Genau dies ist der Sinn, den du heute diesen Worten geben könntest. Wenn du immer leer und ständig neu bist, wirst du bereit sein, mich unablässig neu erschaffen zu fühlen.

FREUDE und LIEBE führen dich ganz natürlich zur Hingabe deiner Lasten. Versammle vorerst bei vollem Bewußtsein dieses Gepäck, das dich stört. Schenk ihm dein Verständnis und deine Liebe. Durch das Verständnis und die Liebe wird es sich in der Einheit deiner inneren Flamme, die die Freiheit gibt, auflösen können. Dies ist nicht die Freiheit, die sich in Wünschen nach diesem und jenem ausdrückt, sondern die Freiheit des Wesens in seiner Ganzheit, das dem Strom des Lebens mit Staunen folgt.

Es handelt sich nicht mehr darum, deinen Besitz zu verkaufen, um das Geld an die Armen zu verteilen, denn ‚im Geist' besitzt du nichts mehr, du bist nicht mehr an materielle, intellektuelle, moraliche, geistige und andere Güter gebunden. Dein Herz kann dann wachsen und zum Haus aller Armen der Welt werden.

Warum zerspaltest du dich in tausend Zwängen? Siehst du nicht, daß, wenn du dich selbst bestrafst, auch die anderen bestraft werden? Glaube nicht an die Zwänge, die mir zugeschrieben werden. Die Kirche hat darauf ihre Macht gegründet, nachdem ich die Freiheit, die Öffnung und die unaussprechliche, ständig erneuerte Harmonie gebracht habe. Diese Freiheit ist ein anderes Verständnis einer Botschaft, der sich bis heute jeder bemächtigt hat, um sie in ›Zwänge‹, Angst und Schuld einzuschließen.

Laß in dir den befreienden Weg aufleuchten, der dich unfehlbar zu weiten Landschaften eines Bewußtseins führen wird, das endlich zur Freude erwacht.«

Frage der Autorin: Wie kommt es, daß in mir der Name Jesu der Weg zur Einheit und zu dieser ständig neu entzündeten Freude geworden ist?

ER spricht:

»Dieser Name enthält eine mögliche Weitergabe der Freude, die dir geschenkt ist.

Der Name Jesus wächst zur Zeit in den Herzen der Menschen. Er erscheint plötzlich erneuert, funkelnd, des entstellenden Staubes der Zeit und der Tradition entledigt.

Das Bild von Jesus ist nicht mehr nur dasjenige des Leidens. Es zeigt heute einen Weg jenseits des Leidens, wo die Freude aufblühen kann.

Der Name Jesu ist ein im kollektiven Unbewußten des Westens eingepflanzter Samen, außerhalb jeder religiösen Praktik. Für dich ist er an nichts gebunden, so scheint es wenigstens. Weder ein Dogma noch ein spezielles Konzept haben diesen Namen deformieren können. Aber das Samenkorn hat ganz von selbst aus deinem inneren Staunen heraus gekeimt. Der Name Jesu lebt in dir ein herrliches, strahlendes und sonnengleiches Leben. Er wird Quelle, er wird Flamme und kann jene mitreißen, die neue Horizonte zur Entdeckung ihres verborgenen Wesens suchen.

Jesus ist der Ast, auf den du dich stützt, um die Lebenskraft der Welt weiterzuleiten und zirkulieren zu lassen. Die LIEBE ist die Lebenskraft und die Hoffnung der Erde. Jesus verkörpert die LIEBE. So hat die LIEBE in deinem Herzen ein lebendiges Bild angenommen. Für dich enthält die LIEBE das Universum. Es ist also das Universum, das dein Herz erfüllt, oder auch dein Herz, das das Universum erfüllt. So hat deine immer feurige und strahlendere Wirklichkeit den göttlichen Namen Jesu angenommen.

Du kannst dir nicht vorstellen, daß ein einziges Wort dein Leben, deinen Körper und deine Seele hat verwandeln können, nur weil dieses Wort einen Sinn angenommen hat und lebendig geworden ist. Was es bedeutet, hat für dich keine Grenzen. Man könnte sagen, daß es dir Zugang schafft zur ›Leere‹ oder zu ›Allem‹, was auf dasselbe herauskommt. Trotzdem bringt es dir die Ekstase, die Vereinigung mit der unendlichen Süße einer inneren Präsenz und die Widerspiegelung von allem, was existiert. Eine lange Wanderung hat dich zu diesem Zustand geführt, und dieser Name, der plötzlich vor deinen Augen aufleuchtet, ist das Resultat einer tausendjährigen Hoffnung. Du hast nichts erwartet. Einzig das Unmögliche konnte dich vollständig beglücken. Du hast also durch den Namen Jesu die unmögliche LIEBE, die dir geschenkt worden ist, weitergegeben.«

Frage der Autorin: Wie kann ich mich vom Zweifel an der Erfahrung, mit dir trennen?

ER spricht:

»Der Zweifel ist für dich nur noch ein leichtes Summen. Trenne ihn nicht von deiner LIEBE. Er ist noch ein wenig da, damit dein Verstand intakt bleibt. Wenn du dich in deiner Tiefe deinem Bild des Göttlichen ergibst, gleiten die Ereignisse unter deine Schritte wie ein Samtteppich. So sind die Ereignisse der genaue Widerschein der Bewegung deiner Seele. Dein Vertrauen erschafft mich. Es gibt deinem Schicksal die Richtung. Ich führe dich mit der Nachsicht und der Fröhlichkeit, die dir entsprechen. Alles, was dir zustößt, ist sorgfälltig vorbereitet, damit sich deine Freude darin erneuere.

Akzeptiere die Tatsache dieses strahlenden Geschenks. In deinem Herzen ist das Schiff losgebunden. Gib alle Kontrolle auf. Ich übernehme das Steuer deines Lebens und führe dich zum unbekannten Stern, zum unvorstellbaren Ufer, an dem die LIEBE triumphiert.«

Frage der Autorin: Deine Gegenwart ist so greifbar in mir und außerhalb, daß ich mir nicht vorstellen kann, daß du dich in einer anderen Welt befindest. Zu welchem Universum gehörst du?

ER spricht:

»Die LIEBE gehört allen Welten, und du kannst mich sehr gut auf eine fast konkrete Weise wahrnehmen, denn ich habe in diesem Augenblick die Dichte deiner wesentlichsten Realität.

Ich kann mich in jeder beliebigen Substanz inner- und außerhalb von dir inkarnieren. Deine Entscheidung genügt. Du erschaffst mich, und indem du mich erschaffst, erschaffst du dich selbst im Land der LIEBE. Ich bin dann dieser Strom, der die Menschen, die Planeten, die interstellaren Welten und die verschiedenen Ebenen miteinander verbindet, wo die Zeit nicht existiert.

Wenn du im Schlaf deine Liebe für mich schreist, bin ich total wirklich. Wenn dich dein Schrei weckt und du dich an meiner Seite wiederfindest, um dich in mir aufzulösen, so läßt du dadurch eine noch intensivere Realität wachsen.

Laß dich jeden Tag von dieser neuen Wirklichkeit überfluten. Erfülle jeden Augenblick deines Lebens mit deiner Schöpfung, und du wirst mit immer größerer Präzision geführt sein. Jedes für dich oder die anderen diktierte Wort wird richtig sein in Bezug auf die universelle Flamme der LIEBE. Und jede Geste, jedes Ereignis fügt sich harmonisch ein ins große Konzert der Existenz.

Du hast eine unabwendbare Verantwortung übernommen, als du akzeptiert hast, diese Erfahrung mit deinem Körper, deiner Seele und deinem Geist zu machen. Die Verantwortung kann jedoch keine Last sein, denn sie ist gleichzeitig die Freiheit einer endlosen erneuerten Schöpfung, unablässig belebt durch die Freude ihrer Bewegung zum Unendlichen hin.«

Frage: Warum stellt man dich so oft in dieser schrecklichen Form des Gekreuzigten dar, und weshalb hast du das Beispiel des Leidens gegeben, um die Menschen davon zu befreien?

ER spricht:

»Die Auferstehung im Herzen eines jeden ist der Sinn meines Kommens auf Erden. Die Liebe kann uns an einer Wegbiegung oder auf der Schwelle unseres Hauses erwarten. Einzig unsere Bindungen hindern uns daran, die Liebe zu sehen, weil sie uns in fixen Ideen, falschem Schein und in der Lüge festhalten.

Gewisse Mitglieder der Kirche stützen sich vor allem auf mein Leiden. Sie halten es aufrecht wie eine Drohung und üben Macht aus, indem sie meinen Tod gebrauchen, um jene, die sich ihnen unterwerfen, in den Zustand der Schuld zu versetzen. Ich habe das Beispiel der Autonomie und des direkten Kontaktes mit Gott gegeben. Aber gewisse Vertreter der klerikalen Hierarchie entscheiden anstelle jedes einzelnen darüber, durch welche Handlungen oder Gedanken dieser Kontakt zustandekommen kann.

Nach meinem Aufenthalt auf der Erde mußte ein neuer religiöser Apparat konstruiert werden, der rasch erstarrte, jedoch diesmal in meinem Namen. Auf diese Weise haben sich einige meiner Folter bemächtigt, um die Botschaft der Liebe und der Freiheit, die ich der Menschheit übermittelt hatte, zu fälschen. Sie haben es verstanden, meiner Folter die Schuld, die Traurigkeit und die Schande einzuimpfen. Sie haben außerdem die abstoßenden Darstellungen meines Leidens vervielfältigt. Der Westen ist während gewisser Perioden von Bildern genährt worden, die den Geist auf Angst und Negativität hin ausrichten.

Es ist an der Zeit, mich als Sonne, Glanz, Leuchten, Lachen oder Licht zu sehen.

Es ist an der Zeit , durch meine Geburt in euren Herzen die Botschaft des Glücks und der Befreiung wiederherzustellen, die ich euch vor 2000 Jahren gebracht habe.

Ich habe die Menschen nicht von ihrem Leiden befreit. Ich habe nur gezeigt, daß es möglich ist, das Leiden zu überwinden und zu verwandeln. Jeder kann dies auf seine Weise tun.

Ich habe den Schmerz als Opfer ertragen, um ihn in Licht zu verwandeln und die Welt zu verklären.

Doch weshalb vor der Verklärung halt machen? Warum sich auf die körperlichen Erscheinungen fixieren und einzig die Visionen des Leidens zurückbehalten und nicht dessen wahren Sinn, der die Veränderungen des Bewußtseins sind?

Zur Zeit meines Kommens auf Erden gab es keine anderen Mittel, um die Vorstellungskraft zu beeindrucken. Es ist nicht das Leiden, das wichtig ist, sondern der Übergang zu diesem neuen Bewußtsein.

Das Leiden ist keine Notwendigkeit, und uns bieten sich heute neue Möglichkeiten, um andere Ebenen zu erreichen.

Jeder ist frei, im Rahmen seiner Fähigkeiten zu verstehen. Ich habe einen Weg der Klarheit vorgeschlagen, aber das Samenkorn wählt seine Zeit zu keimen.

Frage: Ich möchte mich in dir wiederfinden. Was muß ich tun?

ER spricht:

»Suche mich in dem, was dich befreit, und nicht in dem, was dich in einen Käfig sperrt.

Höre auf deine innere Stimme, die deine Schranken aufhebt und dir erlaubt, du selbst zu sein außerhalb der Regeln, die du dir aufzwingst. Überall dort, wo Starrheit herrscht, bin ich abwesend. Wenn du dich unbedingt Regeln unterwerfen willst, weil du Angst hast, dich außerhalb davon aufzulösen, so wähle diese in einer freudigen Biegsamkeit, die einer natürlichen Bewegung folgt,und erlaube ihnen, sich von Tag zu Tag zu verändern. Übernimm nicht die Disziplin der anderen. Finde selbst heraus, was deine wahre Natur ist, die dir entspricht.

Trotz aller Liebe, die ich für dich hege, hinderst du mich daran, dich in die Arme zu nehmen. Du strebst verzweifelt danach, mich zu finden, und gleichzeitig stößt du mich zurück. Tauche jeden Augenblick in dich selbst ein, und entdecke in diesem riesigen und einsgewordenen Raum den lebendigen Stern meiner LIEBE. Laß mich nicht schlafen in deinem Herzen.

Wenn du mich findest, wirst du sehen, daß deine Probleme keine Bedeutung mehr haben, und der Blick, den du auf sie wirfst, wird sie verschwinden lassen.

Ich bitte dich nur, den Mut zu haben, in der Freude zu existieren und das Leben in der herrlichen Einheit der Liebe in seiner Fülle anzunehmen.«

Frage der Autorin: Was bedeutet das Bild, das ich von dir habe, und in welcher Beziehug steht es zu den Evangelien?

ER spricht:

»Das Bild, welches du von mir hast, stellt natürlich die Liebe dar, aber auch deine Wahrnehmung des Ganzen. Ich bin für dich ALLES in EINEM und in jedem seiner Teile.

Jesus ist der Name, der dir erlaubt, die Einheit zu leben und an die Quelle zurückzukehren. Jesus ist also die Essenz deiner selbst und auch deine immer erneuerte und in Bewegung befindliche Vorstellung vom Universum.

Du hast Jesus und nicht Christus gewählt, weil du im Laufe dieses Abenteuers festgestellt hast, daß das Wort Christus in dir ein dunkles Echo der Qual hervorruft. Dies ist mit deiner persönlichen Geschichte verbunden, und dieser Eindruck wird sich auch mit der Einheit in deinem Herzen verbinden.

Ich bin also für dich in allen Aspekten, und es gibt nichts auszuschließen.

Wenn ich für dich alle Aspekte des Lebens bin, so bin ich auch der lebendige Inhalt der Evangelien, auch wenn diese im Laufe der Zeit mißverstanden, falsch ausgelegt und gestutzt worden sind.

Du willst einem alten Wort gegenüber frei bleiben, um das neue besser wahrnehmen zu können. Aber es ist sicher, daß die LIEBE von vor 2000 Jahren auch die jetztige Liebe ist. Form und Art, diese auszudrücken, können sich verändern, doch ist diese LIEBE ohne Grenzen, die für dich den Namen Jesu angenommen hat, immer dieselbe.

Ich bin auch der lebendige Inhalt aller inspirierten Texte, die die Aufgabe haben, die Menschheit zu Weisheit und Mitgefühl zu führen. Du hast mich ohne Grenzen geschaffen.

Ich bin in jedem Menschen sein Traum und seine Überwindung. Ich bin die Luft, die du atmest. Ich bin das Lächeln der Kinder und jeder Grashalm auf Erden. Ich bin das gesammelte Universum, das sich in dir durch diesen göttlichen Namen ausdrückt, dieser Name einer unsinnigen LIEBE, die dich transformiert und dir so viel Freude schenkt, daß du sie nicht zurückhalten kannst. Sie entweicht und wird unablässig mit dem Spiel der Wellen und des Windes wiedergeboren. Sie erfüllt dich mit Licht und transzendiert die Zeit, denn sie tanzt durch das Unendliche im Rhytmus deines Herzens.«

Der Erde dienen

Frage der Autorin: Ich habe oft den Eindruck, wegen der Erfahrung, die mir geschenkt ist, ‚abseits' zu stehen. Ich möchte das Warum dieses Gefühls der Isolierung wissen, nachdem auf einer der anderen Ebenen jede Trennung aufgehoben ist.

ER spricht:

»Betrachte das Schicksal jedes Menschen, auch dein eigenes, wie einen Kreis. Jeder kann erleben, was du erlebst - dies ist ein menschliches Potential. Doch gewisse Personen müssen während ihrer Durchreise auf Erden einen anderen Aspekt ihres Schicksals ins Licht zu rücken, eine andere Schublade auskehren.

Was du lebst, bringt dich in Kontakt mit dem Zentrum des Kreises und erlaubt dir, in die Ganzheit deines Schicksals einzutreten. Dies gibt dir eine neue Freiheit.

Du stehst nicht ›abseits‹, sondern du bist fähig, die Landschaft von einem anderen Gesichtspunkt aus zu sehen.

Diese Art zu schauen verändert alle Perspektiven und ermutigt dich, dem Kreis zu entrinnen, ganz einfach deshalb, weil du dessen Totalität ›wahrnimmst‹.

Indem du die Totalität deines Kreises wahrnimmst, wirst du verbunden mit dem Kreis der anderen und kannst sie anregen, ihr Schicksal auf eine neue Weise anzuschauen. Wenn sich die Kreise verbinden, werden sie zu Spiralen und nehmen an ein - und derselben Bewegung teil.

Eine umfassendere Ganzheit öffnet sich deiner Wahrnehmung der Welt. Du kannst also das globale Schicksal einer anderen Person ›nachfühlen‹. Doch vergiß nie, daß jeder Mensch eine Note in deiner eigenen Symphonie ist und dir die unentbehrliche Resonanz bringt, die die Schöpfung einer neuen und von allen geteilten Musik ist.

In diesen Teilen können sich die Probleme oft lösen, weil sie in die Bewegung der Spirale eingehen. Sie sind nicht mehr an einem präzisen Punkt des Schicksals fixiert und verlassen die Zeit, die sie in der Unbeweglichkeit festhält.

Dies kannst du das Loslassen nennen. Es ist eine neue Art zu sein, die einer Dringlichkeit wegen mehr und mehr Gelegenheit hat, sich in unserem Leben einzupflanzen.

Im Rahmen der Zeit der Erde kann plötzlich etwas ausgelöst werden und die Menschen in ein anderes Bewußtseinsfeld katapultieren. Es gibt zur Zeit eine extreme Beschleunigung, denn die von den Menschen provozierten Schäden bringen die Welt in Gefahr. Es ist, als fände der Planet selbst die Hilfsmittel, indem er stets zahlreichere Veränderungen hervorbringt.

Eine planetare Solidarität ist im Entstehen begriffen. Seien wir aufmerksam für jedes der uns gegebenen Zeichen und vergessen wir nicht, jedesmal, wenn es möglich ist, an diesem unfaßbaren und neuen Aufschwung teilzunehmen, der sich auf unserer Erde abzeichnet.

Entwickeln wir unser Vertrauen.

Wir brauchen nur unserem Herzen zu folgen. Es ist ein erleuchteter Führer, der uns nicht irreleiten kann.«

Botschaft für den 21. Juni 1992

(in Verbindung mit dem Konzert ›Transfiguration‹)

ER spricht:

»Dieser Tag wird ein Grenztag und der Übergang sein von einer alten in eine neue Welt. Es ist Zeit , zusammen mit unserem Besitz unnötiges Wissen und alle Schlacken hinter sich zu lassen. Dort, wo wir hingehen, braucht man kein Gepäck mehr. Wir werden frei sein, offen und glücklich.

Denken wir an diesen Tag: Er enthält diese mögliche Welt, dieses neue Land, das der Mensch zu schaffen im Begriff steht. Dort ist das Verständnis anders. Jeder Augenblick kann wie eine Neuschöpfung gelebt werden, weil wir nicht mehr durch Ideen, materielle Güter oder starre Denkformen überfüllt sind. Indem wir auf diese Weise leben, sind wir fähig, alle alten Strukturen zum Verschwinden zu bringen.

Lernen wir also im ›Jetzt‹ zu leben, das zu allen Möglichkeiten hin explodiert.

Die Angst hindert uns. Laßt uns ihre Wurzeln erkennen, um uns davon zu befreien. Wenn wir die Angst wachsen lassen, materialisiert sie sich auf einer Ebene, deren wir uns nicht bewußt sind.

Laßt uns eher das Aufleuchten des Lichts projizieren. Auch dieses materialisiert sich auf einer Ebene. Einige künden ein Umkippen der Erdpole und Katastrophen aller Art an. Wenn wir uns vorstellen, wir würden in Meeren von Flammen und Schlamm ertrinken, laufen wir Gefahr, das, was uns Angst macht, zu provozieren. Die Zukunft der Erde liegt in unseren Herzen.

Alles ist möglich. Es ist unser Inneres, in dem die Erde wachsen und sich realisieren kann. Aber auch indem wir unsere Erdenprobleme regeln, können wir die Ebene des Absoluten in uns enthüllen. Wenn alles auseinanderzufallen scheint, wenn Gewalt und Zerstörung siegreich erscheinen, wenn wir an einen Niedergang, ein Ende glauben, so laßt uns nicht dem äußeren Anschein vertrauen, denn gleichzeitig wird im menschlichen Herzen die LIEBE geboren.

An diesem Tag der Transformation werden wir von der Erde bis zu den Sternen singen. Wir werden endlich miteinander wissen, daß die LIEBE allein triumphiert, denn sie ist nichts anderes als Leben.«

Frage: Gemüse oder Unkraut auszureißen, scheint mir ein Akt der Gewalt zu sein. Wie soll man die Notwendigkeit dieses Aktes ins Auge fassen?

ER spricht:

»Wenn du in deinem Garten Unkraut jätest, wenn du Karotten oder weiße Rüben ausreißt, vergiß nicht, in Kontakt mit der ganzen Natur zu bleiben. Tue es nicht in einem Geist der Schuldigkeit, sondern friedlich. Euer Leben auf dem Planeten trägt diesen Aspekt der Gewalt in bezug auf Natur und Nahrung in sich. Du kannst ihn nicht vermeiden.

Einen Salat oder das, was du als Unkraut ansiehst, auszureißen, bedeutet eine Handlung analog derjenigen, die dich dazu führt, ein Tier zu töten, um dich zu ernähren. Wenn du dir deiner Handlung in jedem Moment bewußt bist, indem du die Pflanze oder das Tier wie einen Teil von dir spürst, findet ein Austausch statt. Die Pflanze und das Tier geben dir ihr Leben gern. Sie empfinden totale Liebe und Selbsthingabe in bezug auf den Menschen und möchten ihm auf diese Weise dienen. Sie setzen ihr Leben fort, indem sie dir als Nahrung dienen. Wenn du dies weißt, wirst du jedesmal, wenn du Fleisch ißt oder Gemüse aus deinem Garten erntest, den Wunsch haben, dem Tier oder der Pflanze zu danken.

Die Menschheit mißbraucht diese Selbsthingabe der Pflanzen und der Tierwelt auf monströse Weise. Dies wird sie ins Verderben führen, wenn sie nicht die Einheit mit allem wiederfindet, was auf Erden und im Universum existiert.

Die Menschheit ist auch eine animalische Rasse, und wenn sie nicht mehr solidarisch mit der Natur und der Erde ist, geht sie unweigerlich ihrer Selbstzerstörung entgegen.«

Frage: Wie können wir uns von unseren Vorurteilen befreien?

ER spricht:

»Betrachte zuerst in dir die Manie zu wählen, auszuschließen, zu verurteilen, einzuschätzen und zu kritisieren. Diese Manie stellt die Notwendigkeit dar, Mauern zu errichten, die uns voneinander trennen und uns in immer engere Käfige einsperren. Diese Käfige sind religiös, kulturell, sozial, intellektuell, politisch, ästhetisch etc. bedingt. Einige sind vergoldet. Die Bewohner dieser goldenen Käfige mißbrauchen die Macht, indem sie alles erdrücken, was von ihnen abhängig ist. Andere Käfige sind ärmlich, und ihre Bewohner wehren sich, wie sie können, durch Ansprüche, Bedrohung oder Erpressung.

So sieht man sich als ‚rechtschaffene Leute' an zwischen den Bewohnern derselben Käfige und duldet diejenigen nicht, die in anderen Käfigen eingesperrt sind.

Einige sehr wenige Individuen haben die Kraft, frei zu bleiben, aber sie stören sehr, und die Gesellschaft entledigt sich ihrer, bevor sie deren Wert erkannt hat. Es ist beruhigender, diesen nach ihrem Tod zu entdecken.

Heute wird der Zugang zu einer wahrhaften inneren Freiheit unerläßlich für das Überleben des Planeten. Zum Beispiel bringt alle Abhängigkeit von Plänen des Wachstums oder die Bereicherung eines Teils der Erde auf Kosten der anderen das generelle Gleichgewicht in Gefahr. Dies ist sehr einfach, und jeder weiß es. Dennoch ist es unerläßlich für jedes Individuum, etwas zu tun, und sei es auch nur im beschränkten Kreis seines täglichen Lebens. Es ist nicht nur an den anderen, die Arbeit zu tun.

Wir übergeben unsere Verantwortung unsicheren Einheiten wie Regierungen und dem Kollektiv, ohne uns bewußt zu sein, daß sie nichts anderes sind als die Widerspiegelung unserer selbst.

Die Arbeit muß individuell geleistet werden. Jeder einzelne, der sich in Bewegung setzt und sich seiner selbst und seiner Aufgabe bewußt wird, jede Person, die sich von ihren Vorurteilen und allem, was sie entzweit, trennt, wird wie ein lichter Punkt auf der Erde.

Es gibt keine andere Möglichkeit, die Kräfte der LIEBE zu befreien, um die Krankheit des Planeten heilen zu können.«

Frage: Wie kann man den auf Erden zunehmenden Rassismus ersticken?

ER spricht:

»Der Rassismus ist zutiefst mit der Angst verbunden. Die Angst vor dem Fremden, die Angst, beraubt oder dominiert zu werden, Angst vor der Andersartigkeit etc.

Der individuelle Weg zu einer wahrhaften inneren Autonomie ist die einzige Lösung. Es gibt keine globale Lösung, welche die Toleranz gebieten könnte. Weder Reden noch Zwang können diese Angst in uns ausrotten. Schauen wir also jeder für sich, worin unsere Ängste bestehen, denn sie führen oft zum Rassismus. Außer der eingefleischten Angst des Körpers, die Überlebensinstinkt ist, äußert sich eine kompensierte oder getarnte Angst vor dem anderen unfehlbar in Rassismus.

Er manifestiert sich entweder durch Verachtung, Gewalt oder auf maskierte Art wie üble Nachrede oder Verleumdung. Es hindert uns nichts, unsere Freunde und Beziehungen unseren Neigungen entsprechend zu wählen, das ist normal. Doch sind wir uns nicht bewußt, daß wir Rassisten sind, wenn wir den anderen verurteilen oder es ablehnen, ihn so zu akzeptieren, wie er ist.

Wenn wir eine innere Kraft entwickeln können, die uns Vertrauen in uns selbst gibt und uns freier macht, so entwickelt sich gleichzeitig das Vertrauen in den anderen. Wir können uns dann gegenseitig immer besser akzeptieren.

Wenn sich die Lehrer in den Schulen selbst der Notwendigkeit zur Transformation bewußt geworden sind, werden sie die Fähigkeit haben, den Kindern eine neue Kraft und Offenheit zu geben. Sie werden die Kinder dieser aufsprühenden, grenzenlosen Freude entgegenführen können, die nur entdeckt werden kann, wenn man die verborgenen Wege der LIEBE beschreitet.«

Frage: Welche Bedeutung hat die Arbeitslosigkeit in der heutigen Weltlage?

ER spricht:

»Die Arbeitslosigkeit ist eine direkte Konsequenz der Transformation unserer Welt. Die einzelnen Fälle sind oft schwer zu ertragen, aber in der Gesamtheit der heutigen Bewegung der Gesellschaft stellt sie eine Chance dar, unsere Beziehung zum Geld und zum Besitz vollständig umzuwandeln. Sie kann auch die Vorstellung, die wir uns von unserer Rolle und unserer Identität machen, umwandeln.

Jede Schwierigkeit ist eine Herausforderung für die Intelligenz. Wir müssen unsere Art zu sein, zu sehen und zu denken ändern. Wenn wir von der Arbeitslosigkeit betroffen sind und nicht in der Depression versinken, tut sich uns ein neuer Horizont auf.

Wir haben endlich Zeit, den Streß abzuwerfen, uns selbst wiederzufinden, unser verborgenes Wesen und den Reichtum unseres Geistes zu entdecken.

Dies ist vielleicht der Zeitpunkt, uns zu öffnen für eine andere Art des Sehens. Wir können unsere Vorstellungskraft entwickeln und begreifen, daß das Vertrauen in neue Fähigkeiten Form annehmen kann, weil wir nichts zu verlieren haben. Es ist genau diese Art von ›Leere‹, die es uns erlaubt, das Neue zu empfangen. Die erste Notwendigkeit ist die, uns der Angst zu entledigen und uns selbst jeden Tag frei und regeneriert wiederzufinden, um die schöpferische Kraft in uns aufsteigen zu lassen. Das hartnäckigste Hindernis sind unsere Bindungen. Wenn wir Angst haben und diese Bindung klar anschauen, so werden wir den Grund unserer Angst finden.

Die einen sind gebunden an die Vergangenheit und an ihr Leben, so wie es sich ›vorher‹ präsentierte, als alles gut ging. Sie halten also an einer völlig sinnlosen Idee fest, die der Vergangenheit angehört.

Wenn man seine Situation als Arbeitsloser nicht als eine Demütigung oder Ungerechtigkeit ansieht, sondern als eine Möglichkeit der Freiheit und der Neuschöpfung, ändert sich die Perspektive.

Andere sind an die Idee gebunden, die sie sich von der Zukunft machen, und die Angst hält sie gefangen: Wie werde ich leben und meine Familie ernähren? Ich werde es nicht schaffen etc... Diese Projektionen sind verderblich, weil sie auf einer anderen Bewußtseinsebene Form annehmen. Sie beeinflussen auch die kollektive Geisteshaltung, die immer negativer wird. Das klare Wissen um unsere Ängste und ihre Wurzeln wird die Möglichkeit entwickeln, uns ihrer Schritt für Schritt zu entledigen. Wenn wir unser inneres Terrain freilegen, werden wir mit Staunen eine Freiheit und einen Raum der Freude entdecken, die nicht von den äußeren Umständen abhängen.

Aber was können wir praktisch tun, um den Zustand der Arbeitslosigkeit zu ertragen oder zu transzendieren?

Die Antwort auf diese Frage könnte deplaziert erscheinen, doch ist sie es nicht, wenn eine neue Art, die Zukunft zu sehen, in Betracht gezogen wird.

Akzeptiert vorerst euren Zustand wie eine Chance. Nutzt eure Zeit, um andere Arbeitslose zu treffen, die ebenfalls bereit sind, ihre Denkweise zu ändern. Warum hängt die Arbeit vom Konsum ab? Dieser maßlose Konsum ruiniert die Erde. Vereinigt euch, um andere Lösungen zu finden, um in Harmonie mit der Erde und für das Glück der Menschen zu arbeiten. Dieses Glück liegt nicht im Konsum und der Erstickung einerseits und im Mangel andererseits. Es findet sich im Teilen, im inneren Frieden, im Entdecken seiner selbst und der anderen. Es wohnt in diesem Lichtfaden, der uns mit einer anderen Bewußtseinsebene verbindet.

Laßt uns weiter als in die unmittelbare Zukunft sehen, laßt uns dank des Mißgeschicks neue Arbeitswerkzeuge schmieden. Es sprühe das Genie, das in jedem von uns vorhanden ist, das wir jedoch des Konformismus und der Angst wegen abwürgen. Laßt uns uns von den restriktiven Ideen befreien, die wir bei uns tragen, ohne uns dessen bewußt zu sein. Laßt uns unser Herz und unsere Seele diesem neuen Lebensstrom öffnen, der in Reichweite liegt. Wir werden dann wissen, daß unser Geist die Macht der Schöpfung besitzt und daß er keine Grenzen hat.

Benutzen wir alles, was uns begegnet, sogar die Arbeitslosigkeit, um die Zerstörung und den Haß auszumerzen. Erfinden wir eine Arbeit, die sich nicht mehr auf eine im Zerfall begriffene Gesellschaft stützt, die nicht mehr von diesem zwanghaften Traum ›Konsumieren um jeden Preis‹ abhängt. Laßt uns den Sand der Illusion zerstreuen und Pioniere einer neuen Welt werden, wo wir den Stolz einer Menschheit finden können, die endlich ihr Potential realisiert und allmählich über sich hinauswächst.

Eine Neuorientierung ist im Begriff, geboren zu werden. Seien wir aufmerksam, und völlig unvorhergesehene Lösungen werden aus dem Inneren aufsteigen. Die Arbeitslosen sind am besten geeignet, um hinzuhorchen und die Avantgarde einer Erde zu gründen, die sich dem Verstehen und der Harmonie entgegenbewegt.

Dies ist der Moment, Vereinigungen zu gründen, in denen präzise Aktionen vorgeschlagen werden. Diese Aktionen könnten eine totale Veränderung der Mentalität der Menschheit und der Mittel zur Rettung des Planeten Erde bewirken. Die Arbeit zum Schutze der Menschen und der Erde ist die Arbeit von morgen.

In dieser Hinsicht wird die steigende Zahl der Arbeitslosen zu einen positiven oder sogar unentbehrliche Kraft im aktuellen Strom der Evolution.«

Frage: Was kann man für die Zukunft der Erde tun?

ER spricht:

»Eine Welt stürzt zusammen, eine andere wird geboren. Im Zerfall der etablierten Strukturen erwacht eine neue Dimension des Menschen.

Die Umwandlung auf der Erde ist im Gang. Sie hat bereits begonnen, doch das Wichtigste wird in den kommenden Jahren stattfinden.

Die Städte sind nicht verwundbarer als die Vorstädte oder Landgebiete. Wirklich verwundbar sind nur jene, die sich jeder Umwandlung widersetzen und sich definitiv in ihrem Egoismus und ihrem Besitz verschließen. Wenn die Strukturen zerfallen, ist es notwendig, sein Wesen auf eine noch unsichtbare Wiedergeburt hin auszurichten und dieser zu vertrauen. Die Aussaat muß keimen, bevor sie wächst. Die Körner sind ausgesät und laufen Gefahr, verloren zu gehen, wenn nicht die Wachsamkeit und die Liebe sie in diesem Keimen unterstützen.

Das Vertrauen in sich selbst, in die Zukunft des Menschen und in die universelle LIEBE ist unentbehrlich. Dies ist keine Utopie. Es wird nur unmöglich, wenn man die Unmöglichkeit in sich trägt, denn wir sind das, was wir glauben. Unser Glaube schafft die Welt, er materialisiert sich und kann sogar die Substanz der Materie selbst ändern, aus der wir gemacht sind.

Ich bin unterwegs in euren Herzen und in der Zeit, die die eure ist auf Erden. Eine wachsende Zahl von Menschen nimmt Kontakt auf mit der Liebe, die ich in ihnen bin.

Seid bereit für mein Kommen, öffnet eure Seele und eure Fähigkeiten einer anderen Schwingungsebene. Aber stärkt auch euren Körper und euren Geist, damit ihr dieser unbekannten Zukunft, die im Begriff ist, in euch geboren zu werden, vertrauen könnt.

Es gibt weder etwas zu sagen noch zu tun mit dem Willen des Egos. Haltet euch einfach bereit und offen, akzeptiert es, euch zu verändern, sogar durch das, was beängstigend erscheint, wie zum Beispiel die Radioaktivität. Jetzt ist der Moment, sich vorzubereiten, um diese zu integrieren, denn sie entwickelt sich auf der Erde. Die einzige Art und Weise, dies zu tun, ist, sich einer anderen Bewußtseinsebene zu öffnen. Auf dieser Ebene kann die Radioaktivität Teil von uns werden, ohne jeglichen Schaden zu verursachen. Indem wir sie nicht von uns absondern, wird sie eine Freundin und nicht dieses furchterregende Monster.

Die göttliche LIEBE kann durch die Radioaktivität selbst erfahren werden. Lieben wir sie mit all unserer Kraft, so wie wir das Leben lieben! So wird sich der Wahnsinn der Menschen umkehren, um völlig positiv zu werden.

Um zu überleben, gibt es keine anderen Mittel, als mit dem zu arbeiten, was existiert, und dies umzuwandeln. Es ist also möglich, gerade in die Problembereiche den Strom der Liebe einfließen zu lassen, die verantwortlich sind für Machtmißbrauch und die Gier der Menschen.

Wir sehen uns mit akuter Schärfe vom Untergang bedroht. Diese Herausforderung, die sich uns heute stellt, kann uns helfen, den vitalen Elan zu entdecken, der dem Unbekannten eines neuen Lichts entgegenwächst.

Die absolute Dringlichkeit der Veränderung wird es uns vielleicht erlauben, unsere kleinen persönlichen Egoismen loszulassen und zu verstehen, daß endlich all unsere Energie ohne Unterschied und ohne Spaltung in der großen, vielfarbigen Palette aller Menschen auf Erden zusammenfließen kann.

Es ist nützlich, an diese positive Verwandlung zu glauben, denn die Vorstellungskraft ist schöpferisch, genauso wie wir durch unsere Überzeugungen unsere Realität erschaffen. Bis heute haben unsere engstirnigen und exklusiven Überzeugungen die Lust am Krieg und am Massaker entwickelt. Etwas anderes ist im Begriff, geboren zu werden. Seien wir aufmerksam und vertrauensvoll. Alles ist möglich. Die LIEBE treibt uns anderen Universen entgegen.

Der einzige Sinn dieser Botschaft ist es, jedem zu erlauben, sein Denken einer Zukunft voller Licht zuzuwenden. Denn indem wir das Gegenteil tun, werden wir die von uns befürchteten Katastrophen provozieren.

Die Welt wird in unserem Geist geschaffen. Die Zukunft der Erde liegt in unseren Händen. Wenn der Mensch Voraussagen von Katastrophen verbreitet, trägt er die Verantwortung einer Zerstörung der Welt, denn seine Angst läuft Gefahr, sich zu materialisieren.«

Frage: Kann die Liebe allein die Probleme der Erde regeln, speziell in bezug auf Gewalttätigkeit?

ER spricht:

»Die LIEBE ist die einzige Lösung für alle Probleme der Erde. Aber dieser Begriff ist nicht sehr klar im menschlichen Geist, wenigstens nicht zum heutigen Zeitpunkt.

Um welche Liebe handelt es sich, und auf welcher Bewußtseinsebene kann man sie lokalisieren?

Wenn du sie in die dualistische Welt unserer täglichen Existenz stellst, kannst du natürlich nicht bewirken, daß Haß und Krieg enden werden, weil dich eine Welle des Wohlwollens überflutet.

Wir haben alle einen Teil in uns, der Saddam Hussein oder Hitler heißt, und einen anderen, der Lust hat, sich mit seinem Nachbarn zu bekriegen, wie man dies in Jugoslawien tut... Die Gewalt manifestiert sich auf allen Ebenen, weil sie in uns ist. Die Erde ist die Widerspiegelung dessen, was wir sind. Gewalt erzeugt Gewalt, und indem wir Mittel der Gewalt anwenden, um sie zu stoppen, fördern wir sie. Sie hat demnach nie die geringste Legitimation.

Die Lösung liegt in uns selbst. Laßt uns vorerst unsere eigene Gewalttätigkeit erkennen. Sie existiert. Wir müssen sie klar in uns sehen, bevor wir sie bei den anderen sehen. Man könnte sagen, daß die ‚Erkenntnis' oder die ‚Integration' dieser Gewalt eine wahrhafte Form der Liebe ist. Dies ist in dem Sinne zu verstehen, daß wir sie nicht mehr von uns trennen.

Sie nicht mehr von uns abzutrennen heißt, ihr zu erlauben, in die Einheit einzugehen und sich zu verwandeln.

Allein auf diese Weise kann die globale Gewalttätigkeit auf der Erde rückgängig gemacht werden. Es ist möglich, diesen Prozeß in allen Bereichen des Lebens anzuwenden.

Indem du zum Beispiel den anderen nicht von dir trennst, bist du in der Liebe und gibst gleichzeitig dir selbst und dem anderen eine Chance, in die Einheit einzutreten und die Bewußtseinsebene zu wechseln. Es gibt keine anderen Mittel der Transformation. Wenn du diese Reise mit deinem ganzen Wesen und in allen Bereichen deines Lebens unternimmst, gibt es kein Ausrutschen mehr, weil das Leben selbst dein Führer sein wird. Es wird dich leiten, so wie der Fluß ins Meer geführt wird. Und wie der Fluß, so ist das

Leben in seiner wunderbaren Intelligenz fähig, die Hindernisse zu umgehen, indem es dir neue Horizonte zeigt. Wenn du seinem Lauf folgst, hast du keine Grenzen mehr und kannst dich von seiner Bewegung forttragen lassen.

Unsere Erziehung trichtert uns seit langer Zeit Gespaltenheit ein. Wir lernen den Konkurrenzkampf durch ein starres Wissen, das uns in enge Schablonen zwängt. Einengende religiöse Schemen schließen uns in Abscheu vor uns selbst ein. Dieser Abscheu oder Selbsthaß provoziert die Schuld, die Angst, die Gewalt und den Haß der anderen.

Lieben heißt, sich selbst zu verstehen und anzunehmen oder den anderen so zu akzeptieren, wie er ist, denn in der wahren Liebe gibt es keine Verurteilung. Verständnis kann weder in der Angst noch im Urteilen existieren. Die Angst, Erzeugerin von Gewalt, sowie die Verurteilung schließen die Trennung in sich ein.

Die LIEBE allein ist Einheit. Es ist also die LIEBE, die unsere Probleme lösen kann.«

Frage: Sind unsere Gedanken der Liebe, die wir den anderen schicken, nicht lediglich eine Art, uns unserer Verantwortung in bezug auf die Schwierigkeiten in der Welt zu entledigen?

ER spricht:

»Was bedeutet ein Gedanke der Liebe, und wie wird er den anderen gesandt?

Wenn das Aussenden dieser Art von Gedanken nichts als ein oberflächlicher und zerstreuter Reflex ist, nur gerade dazu bestimmt, unser momentanes Schuldgefühl auszutreiben, dann ist es klar, daß die Geste keinen Effekt hat.

Aber aus ganzem Herzen einen echten Gedanken der LIEBE auszusenden, dies ist ein Akt, der erlöst, ein souveräner Akt, sowohl für den Geber als auch für den Empfänger. Diese Tat verbindet uns mit dem allem innewohnenden Lebensstrom. Nur wenn wir uns dieses einigenden Stroms bewußt werden, können wir in eine andere Existenzebene eintreten.

Wirklich LIEBE aussenden heißt eben, Kontakt aufzunehmen mit einer Bewußtseinsebene, auf der wir nicht mehr von uns selbst, den anderen und der Natur getrennt sind. Wenn wir uns wiedervereint finden mit diesem Strom aus Kraft und Wahrheit, wird sich unser Handeln für die Welt weit über unsere Vorstellungskraft hinaus manifestieren.

Was heißt nun, uns unserer Verantwortung und den Schwierigkeiten unserer Erde gegenüber zu entledigen? Was sind ihre Schwierigkeiten?

Ihre Schwierigkeiten sind das Resultat der Angst, des Hasses und des Egoismus. Sie sind nichts anderes als der Reflex dessen, was wir sind. Glaubt ihr, indem ihr auf die materiellen Dinge ausgerichtet seid, wie Transport von Nahrung und Medikamenten in Kriegszonen, daß ihr den Haß, die Angst und Zerstörung verhindern werdet? Sicher sollen wir auf materieller Ebene tun, was wir können, und alle Initiativen sind willkommen. Aber glaubt ihr, indem wir unsere Nächsten verlassen, um die Welt zu retten, würden wir etwas ändern?

Die Veränderung beginnt bei uns selbst. Wenn wir uns wirklich verändert haben, das heißt, wenn wir im inneren Land der LIEBE und der Freude wohnen, haben wir den Haß und die Verzweiflung auf dem Planeten vermindert.

Dann werden wir unfehlbar zur richtigen rettenden Handlung und Geste hingeführt.«

Frage der Autorin: Was muß ich tun, um die Texte, die von dir kommen, zu verbreiten?

ER spricht:

»Diese Texte werden auf ihre Weise verbreitet. Sie wählen ihren Rhythmus und ihre Laufbahn. Es darf kein Glied der Verteilerkette durch wirtschaftliche Erwägungen fehlgeleitet werden, denn die Gier jener, die sich ihrer auf diese Art annehmen könnten, würde jede Möglichkeit einer wahren Verbreitung blockieren.

Ein Verleger wird vorerst vom Geld motiviert sein, es sei denn er wäre selbst auf dem Wege der Transformation, was beim Stand der aktuellen Mentalität normal wäre. Ein Zwischenhändler dieser Art kann also nicht in Frage kommen, denn er stünde im Widerspruch zu allem, was durch diese Texte übermittelt wird.

Diese Bücher wollen nicht nach materiellen Kriterien der Rentabilität beurteilt werden. Ihr Ziel ist es, zu dienen und die Herzen zu öffnen.

Wenn Vertrauen, Begeisterung und Interesse die Ausgangsbedingungen sind, werden die Anstrengungen reichlich belohnt werden und eine große Verbreitung gestatten. Wer sich von diesem Standpunkt entfernt, wird sich auf seinem Weg in unerklärliche Fallstricke verfangen.

Es wird von jedem verlangt, sehr aufmerksam zu sein für die Angebote, die sich abzeichnen, wenn die Motivationen respektiert werden.

Sie allein sind wichtig.

Wenn diese Bücher nicht die Gelegenheit bieten, Gier, Rivalität und die übertriebenen Machtansprüche des Egos aufzugeben, ist es besser, sie aus den Augen zu verlieren.

Sie richten sich an jene, die sich wirklich verwandeln und nicht versuchen, sie zu ihrem persönlichen Gewinn zu benutzen.

Doch ist es dringend nötig, diese Art von Botschaft zu verbreiten, denn wenn wir nicht SEHR SCHNELL unseren Blick, unsere Art zu sein, zu handeln und zu denken transformieren, riskieren wir unsere eigene Zerstörung und die der Erde.

Glücklicherweise besitzt die Menschheit unerschöpfliche Quellen der Vorstellungskraft, der Schöpfung und der Veränderung. Sie ist also fähig, diesen Sterbeprozeß vollständig umzukehren.

Doch in der unmittelbaren Welt der Dualität ist es spät, und die Tage sind gezählt.«

Die Freude

Frage der Autorin: Was muß ich während des Vortrags, den ich demnächst halten muß, tun, sagen oder übermitteln?

ER spricht:

»Du hast nichts anderes zu tun, als mit deinem Publikum dieses Aufleuchten der Freude zu erleben, das sich als Folge meiner Begegnung mit dir eingestellt hat.

Zeig, bis zu welchem Grad ein großes Leiden manchmal zu einer befreienden Freude führen kann und wie der so gefürchtete Tod Träger unvorstellbarer Schätze ist. Stirb mit denen, die dir zuhören, um mit ihnen in einer neuen Unermeßlichkeit wiedergeboren zu werden. Ich werde sie durch dich in der größten Einfachheit berühren können. Tritt mit deinem Publikum in eine nicht nur globale Resonanz ein, sondern auch in eine besondere und individuelle Schwingung mit jedem einzelnen. So kann ich zu ihnen kommen, sogar ohne daß sie sich dessen bewußt werden.

Später werden sie vielleicht eine Ruhe und Gelassenheit entdecken und sich im Geheimen freier fühlen.

Nicht der Inhalt deines Vortrages ist vorrangig, sondern deine ›Geistesverfassung‹ in dem Moment, wo du sprichst. Es handelt sich nicht darum, ein Wissen mitzuteilen oder Theorien aufzustellen. Es handelt sich auch nicht darum, Lektionen zu erteilen. Es handelt sich darum, gemeinsam eine Tür zu einer anderen Bewußtseinsebene zu öffnen. Es gibt nicht den Redner auf der einen und die Zuhörenden auf der anderen Seite. Dein Wort und ihr Zuhören ist eins, denn es ist ihr Zuhören, das dein Wort erzeugt.«

Frage: Was bedeuten Freude, Glückseligkeit und Glück? Gibt es eine Verbindung zwischen der Freude und dem Göttlichen?

ER spricht:

»Das Göttliche ist nichts anderes als die Freude. Es handelt sich wohlverstanden um die nackte Freude, die aus sich selbst sprüht, ohne Anfang und Ende, die Freude, die der Ausdruck einer transparenten ›Geistesverfassung‹, das heißt der LIEBE ist.

Die Freude und die LIEBE sind zwei etwas unterschiedliche Aspekte des Göttlichen, oder besser gesagt verschiedene Arten, es zu fühlen. Doch wenn du von Glückseligkeit oder Freude redest, so vermittelst du nicht wirklich den Inhalt dieser Worte, denn für jene, die nicht in diesem Zustand leben, deuten diese Worte einen unerreichbaren Besitz an. Du kannst deshalb die Glückseligkeit nicht übermitteln, indem du davon redest, sondern nur indem du sie so total als möglich lebst. Wenn du sie wirklich lebst, schließt sich das ganze Universum darin an.

Wenn du die EINHEIT siehst in allen, denen du begegnest, bist du in der Freude.

Wenn du nichts anderes mehr bist als ein Blick der LIEBE auf die Welt, bist du in der Freude.

Wenn dich alle Urteile verlassen haben, bist du in der Freude.

Wenn du begreifst, daß das Universum ein großer Plan der Liebe, eine unablässige, ständig in Bewegung befindliche Schöpfung ist, bist du in der Freude.

Wenn du verstehst, daß du selbst das Universum bist, existiert der Tod nicht, und du bist in der Freude.

Diese Sprache mag jenen abstrakt erscheinen, die diesen Zustand nicht erlebt haben. Doch gibt es Wege, Abkürzungen, die zu ihm führen.

Es ist zum Beispiel wichtig, sich des Zeitdrucks zu entledigen. Jedesmal, wenn dich deine Gedanken in die Vergangenheit oder in die Zukunft führen, lebst du nicht und bist nicht in dir selbst. Sieh den ›Augenblick‹ in seinen vielfachen Wundern erstrahlen. Schau die Unermeßlichkeit, die Schönheit dessen an, was du empfindest, wenn du ›HIER‹ stillstehst, dein Gepäck abstellst und dem Leben erlaubst, dich vollständig zu durchströmen.

Wenn du dies tun kannst, wird eine neue Welt für dich erwachen. Du wirst ein Lächeln sprießen sehen auf den verschlossensten Gesichtern. Du wirst einen Baum, eine Blume, einen Lichtfleck entdecken wie ein plötzlich enthülltes Geheimnis.

Dein Blick wird anders auf jedes Ding des Lebens fallen und alles, was dir banal und traurig erschien, wird in anderem Licht dastehen und seine Bedeutung verändern.

Hör auf zu rennen. Glaubst du, daß der Streß und die Gier dich jemals befriedigen könnten? Sie sind ein unmöglich auffüllbarer Schlund. Häufe deine Handlungen nicht in einem sinnlosen Wettlauf an, auch nicht dein Wissen oder deinen Ehrgeiz zur Dienstleistung. Diese Aktionen haben keine Tragweite, weder für dich noch für die anderen, wenn sie nicht der gelassenen Heiterkeit einer harmonischen und starken Gegenwart entspringen.

Finde den Lichtfaden wieder, der dich mit der Erde, dem Himmel und dir selbst verbindet, außerhalb dieses hemmungslosen Wettlaufs, das kein Schicksal, sondern bloß ein verrückt gewordener Mechanismus ist.

Tritt ein ins Herz deines Schweigens, und verharre jeden Tag einige Minuten in Verehrung vor der Schönheit der Welt.

Sieh klar, was ist, und akzeptiere es wie einen Teil deiner selbst. Verändere deinen Blick auf dein Leben und verstehe die Notwendigkeit all dessen, was dir zustößt.

So wirst du eines Tages am Rande des Hügels eine unbekannte Straße entstehen sehen, und du wirst wissen, daß in dir selbst eine unermeßliche und neue Freude wie eine Sonne aufgegangen ist.«

Einem neuem Bewußtsein entgegen

Frage: Wie kann man die Schwelle einer bevorstehenden Transformation überschreiten, die von allen Seiten her und oft auf drohende Weise angekündigt wird?

ER spricht:

»Es ist gut, zu lachen und sich glücklich zu fühlen. Jede Minute des Glückes verbreitet sich weit über das hinaus, was wir uns vorstellen, hauptsächlich das einfache Glück, dessen Wurzeln in der Verbindung mit der Natur, den Tieren oder der Schönheit des Lebens als Ganzem liegen. Eine Rose zu betrachten, einen blühenden Baum oder die nackte Erde bedeutet eine Freude, die uns festigt und die Transformation erleichtern kann.

Das Spielen eines Instruments, das Singen oder Hören von Musik begünstigen eine Erweiterung des Bewußtseins, ebenso wie das Verharren in der inneren Stille, allein oder in einer Gruppe.

Für diejenigen, die den Kontakt mit dem Licht ihres ›verborgenen Wesens‹ spüren, ist es wichtig, ihren Körper mit diesem Licht erfüllt bis zur totalen Verwandlung seiner Substanz zu visualisieren. Es ist auch nötig, das Gefühl des Göttlichen wachsen zu lassen und es nicht mehr aus dem Blick zu verlieren.

Wir müssen eine immer höhere Wachsamkeit entwickeln, denn wir haben keine Zeit mehr, uns in unnötigem Geschwätz gehenzulassen. In dem Moment, wo wir uns dieser Art von Verwirrung bewußt werden, sollten wir sie augenblicklich stoppen.

Es gibt tausend Arten, an den Veränderungen in der Welt teilzunehmen, und wir sind am Ende eines Zyklus angelangt. Wir müssen also anders wiedergeboren werden, in einer neuen Ära. Wenn wir im Moment eines Zusammenbruchs der Wertmaßstäbe Bewohner dieses Planeten sind, in einem entscheidenden Augenblick seiner Geschichte, so heißt dies, daß wir gewählt haben, eine Rolle in diesem Umsturz zu spielen. Jeder von uns wird von seinem Inneren her informiert werden und wissen, wie er vorzugehen hat. Das Handeln könnte anders sein als das uns bisher gewohnte, da viele materielle oder technische Hilfsmittel möglicherweise verschwinden werden. Wir müssen also unsere ›Hell - Sicht‹ entwickeln und werden zur telepathischen Kommunikation geführt. Die Musik wird sehr wichtig sein. Sie kann ein immer notwendigeres Mittel der Kommunikation werden.

Einige werden etwas früher informiert sein, um die günstigsten Voraussetzungen zu schaffen. Aber die ›Kenntnis‹ von etwas Anderem wird uns in einem Mal gegeben, und unsere Beschränkungen werden von selbst von uns fallen. Wir werden vom Zustand der Blindheit zu dem des ›Sehenden‹ übergehen.

Wir werden die Kraft erhalten, diejenigen zu ermutigen und zu beruhigen, die um uns sind. Angst und Schuldgefühle sind Hindernisse für die Entwicklung dieser Kraft.

Wir müssen nacheinander alle Versuchungen der Angst, Pein, Schwäche oder Schuld unserer inneren Flamme überantworten.

Man wird von uns verlangen, endlich aufrecht zu stehen in der Verwirklichung unseres ganzen menschlichen Potentials. Wenn wir es vorziehen, an unseren alten Strukturen festzuhalten, können wir das ›Wissen‹ nicht erhalten, und in diesem Moment können sich Unannehmlichkeiten einstellen, Wahnsinn, Krankheit und Zerstörung würden dann möglich, und wir wären nichts mehr als eine Substanz zur Wiederverwertung, ein toter Ast in der Bewegung der Evolution.

Es ist also dringend nötig, uns von jetzt an von Haß, Gewalt und Egoismus - diesen alten mentalen Strukturen von zurückgebliebenen Sauriern - zu befreien. Seien wir bereit, uns unter allen Umständen bei den Händen zu halten. Wir können unsere Unzulänglichkeiten dem, was höher ist als wir, anvertrauen. Das Ego allein meint, es sei fähig, alle Probleme zu regeln, und dabei werden sie genau von ihm provoziert. Indem wir unsere Schwierigkeiten übergeben, lassen wir los. Wir lassen unsere Bindungen los, denn wir sind nicht nur an Zuneigungen, Ideen oder materielle Güter gebunden, sondern auch an unsere Ängste, unser Schuldbewußtsein und unsere Not.

Alles hier Gesagte ist keine Drohung, sondern ein Versprechen der Öffnung, der Geburt, des herrlichen Blühens im Herzen einer in Schöpfung begriffenen Welt.

Es genügt, sich dem Strom des Lebens in seiner Totalität hinzugeben, uns nicht mehr anzueignen, was allen gehört und den Fortbestand der Erde schützt. Wenn wir das Gemeingut zum Profit von einigen wenigen zerstückeln, bedroht ein immer größerer Mangel an Gleichgewicht den Planeten und erhöht die Möglichkeit von kommenden Schwierigkeiten.

Wenn wir unsere Unzulänglichkeiten und unsere Probleme der ständig wachsenden Flamme in uns übergeben, werden sie ohne Schaden assimiliert und absorbiert.

Freuen wir uns und empfangen wir diese neue Welt, die im Begriff ist, in uns geboren zu werden. Sie ist im Einklang mit dem feurigen Herzen der Erde, und ihr Pulsschlag stimmt ein in den Tanz des Universums.

Indem wir unsere Freude und die Freude einer kosmischen Schöpfung ausstrahlen, werden wir im Rhythmus dieser Freude von einer

Welt in die andere übergehen.

Für etliche wird dieser Übergang wie das Aufleuchten einer Geburt sein. Diejenigen, die es ablehnen, sich zu verändern, werden ihn wie das Ende der Welt erleben.

Vereinigen wir uns in kleinen Gruppen der gleichen ›Wellenlänge‹, um diese Schwelle zu überschreiten. Wenn wir die göttliche Präsenz, das Licht in uns, immer lebendig halten, so kann sich nichts Unerfreuliches oder Mühsames einschleichen.

Unsere Körper sind schon vorbereitet durch eine physische Transformation, der wir uns noch nicht immer bewußt sind.

Diejenigen, die sich jeder Veränderung widersetzen und die Kraft des Lichtes, die sich im Herzen unserer Erde und in den tiefsten Tiefen ihrer Selbst befindet, ignorieren, riskieren erdrückende Angst und Terror.

Wer ein einfaches und klares Leben führt, ist vollständig geschützt, selbst wenn er nicht in bewußtem Kontakt mit seiner inneren Flamme steht. Ein Mensch, der aufrecht in seiner Wahrheit lebt, ist der Ausdruck des großen Lachens des Universums.

Für jene, die sich dieses Überganges zum ›Wissen‹ bewußt werden, ist es unerläßlich, sich darauf vorzubereiten, die Angst aufzulösen und alle Fähigkeiten zu entwickeln, die es ihnen ermöglichen, ihre Umgebung zu schützen. Dies ist keine Prophezeiung, sondern das Spiegelbild dessen, was wir im heutigen Moment sind. Wir tragen diese Möglichkeiten in uns. Lassen wir also zu, daß sich deren Geburt in Sanftheit und unter günstigsten Umständen vollziehen kann. Die Inspiration und das Vertrauen werden uns im richtigen Moment gegeben.

Laßt uns in aller Ruhe dem Unvorstellbaren entgegenschreiten.«

Anmerkung: Dieser Text zieht den Gesichtspunkt des Absoluten nicht in Betracht, denn von diesem Gesichtspunkt aus gesehen, sind unsere Existenz und unsere kleinen Probleme nichts als Illusionen. Es handelt sich hier noch um Zeit und Raum auf der Erde und um eine dualistische Sicht unseres Lebens, wenigstens in den Anfängen der angekündigten Transformation.

Marianne Dubois wurde in Belgien geboren und absolvierte in Brüssel ein Kunststudium. Sie lebt seit vielen Jahren in der Nähe von Paris. Ihre außergewöhnlichen Kunstgegenstände -vorwiegend Emaillearbeiten und Gravuren- wurden schon in vielen Ländern Europas und in Japan erfolgreich ausgestellt.
Eine tiefgreifende Transformation, ausgelöst durch ein überwältigendes spirituelles Erlebnis, erlebte sie nach dem Tod ihres Ehemannes. Ihr erstes Buch über diese Erfahrungen (Sonnenbegegnungen) ist bereits in Frankreich für viele Leser ein wichtiger spiritueller Ratgeber geworden.

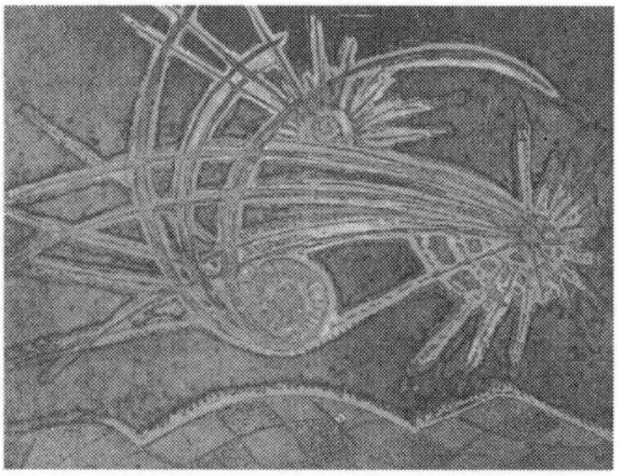

Elisabeth Kübler-Ross **Neu**

Der Liebe Flügel entfalten

ISBN 3-923 781-99-7
21x21 cm, gebunden, 60 Seiten,
mit13 Farbfotografien 26,80

Dieses Geschenkband behandelt das wichtigste Thema der Menschheit, die LIEBE. Ihr Sohn Ken Ross, Profi-Fotograf, unterstreicht mit seinen meditativen Fotos die Intensität und Tiefe des Buches.
Die Autorin versteht es, uns anhand von vielen selbsterlebten Geschichten nahezubringen, welche Bedeutung die Liebe für jeden von uns hat.
Sie zeigt uns, wie wir ehrlich, ohne unsere negativen Gefühle zu ignorieren oder zu unterdrücken, den Weg der Liebe einschlagen können.
Dieses Buch läßt uns die Liebe umfassender begreifen und berührt die tieferen Schichten unserer Seele.

Elisabeth Kübler-Ross

Jedes Ende ist ein strahlender Beginn

Bildband mit Texten von E. Kübler-Ross und Fotos von Dr. G. Siebel

ISBN 3-923 781-80-6
21x21 cm, gebunden, 64 Seiten,
mit 16 Farbfotografien, DM 26,80

Dr. Gottfried Siebel ist katholischer Theologe und hat sich jahrelang der aktiven Sterbebegleitung gewidmet, wobei ihm die Bücher der Ärztin E. Kübler-Ross eine wichtige Stütze waren. Es war seine Idee, Schmetterlinge zu fotografieren und diese den aussagekräftigsten Sätzen von der bekannten Sterbeforscherin gegenüberzustellen, ist doch das Verwandlungsmotiv von der Raupe zum Schmetterling eine Parallele zu unserer eigenen Verwandlung. Ein wunderbares Geschenkbuch, das zu begeistern weiß.

Elisabeth Kübler-Ross

Sterben lernen - Leben lernen

Fragen und Antworten

ISBN 3-923 781-66-0
21x21 cm,64 Seiten, gebunden,
28 ganzs. Farbfotos, DM 26,80

Was Sigmund Freud für die Psychologie war, ist sicherlich E. Kübler-Ross für die Sterbeforschung. Ihr ist zu verdanken, daß weltweit die neuen Erkenntnisse über Sterbende und deren richtige Betreuung an allen medizinischen Ausbildungsstätten gelehrt werden. Dieses Buch gibt wichtige Antworten auf Fragen wie: worauf muß ich achten, wenn ich mit Sterbenden zusammenkomme? Wie kann ich Angehörigen eines Sterbenden oder eines soeben Verstorbenen beistehen? Wie gehe ich selbst mit dem Verlust eines mir Nahestehenden um?
Unmißverständlich macht die Autorin klar, daß wir die Angst vor dem Sterben und dem Tod erst verlieren müssen, bevor wir wirklich frei sein können zum Leben.

Elisabeth Kübler-Ross

Über den Tod und das Leben danach

ISBN 3-923781-02-4,
broschiert, 89 Seiten, DM 19,80

Dieses Buch gewährt Einblick in Elisabeth Kübler-Ross' wissenschaftliche Forschungsarbeit und deren Ergebnisse. Es kann dem Bewußtsein der heutigen Menschheit viele neue Denkanstöße geben. Die Autorin beweist überzeugend und einfühlsam, daß es ein Leben nach dem Tod gibt. Liebevoll zeigt sie Möglichkeiten auf, mit Sterbenden und dem Tod ohne Angst und bewußt umzugehen.
„Der Tod ist ein Hinübergehen in einen neuen Bewußtseinszustand, in welchem man fortfährt, zu fühlen, zu sehen, zu hören, zu verstehen, zu lachen und wo man befähigt ist, weiterhin (seelisch und geistig) zu wachsen."

ISBN 3-923 781-92-X
gebunden, 370 Seiten, DM 39,00

Phyllis Virtue-Carmel

Planet der Wandlung

Offenbarung des Rates der Neun

In diesem Buch geht es um die besondere Rolle, die der Planet Erde in unserem Universum spielt. Aus höchster Quelle erfahren wir, was wir tun können, um unser eigenes Leben und das anderer Menschen zu bereichern. In medialem Zustand trat Phyllis Virtue-Carmel in Kontakt mit dem Rat der Neun, einer Gruppe von Wesen aus dem Kosmos, die uns im Bewußtsein unendlich überlegen sind.

ISBN 3-931 652-03-3
gebunden, 240 Seiten, DM 29,80

Elsa Barker **Neu**

Licht hinter dem Schleier

Wegweiser in die vierte Dimension

„Licht hinter dem Schleier" nimmt uns die Angst vor dem Tod und läßt uns die Verbindungen zwischen der irdischen und jenseitigen Welt erkennen. Dieses Buch macht uns durch authentische Geschichten mit einer Welt vertraut, die wir mit unserer Innenwelt ständig berühren, jedoch meistens nicht bewußt wahrnehmen. Lebendig und spannend wird diese in ihrer Vielschichtigkeit und mit ihren unterschiedlichsten Wesen beschrieben.

ISBN 3-923 781-95-4
gebunden, 126 Seiten, DM 19,80

Dr. Anagarika Mahanamo

Geheimniss der Vitalität

Gesundheit, Lebenskraft und Verjüngung durch einfache taoistische Übungen

Dieses Buch zeigt, wie der westliche - häufig gestreßte - Mensch durch einfache taoistische Körper- und Atemübungen den Körper entscheidend vitalisieren, harmonisieren und verjüngen kann. Es ist ein Juwel für alle, die mit wenig Zeitaufwand durch Übungen, die Freude machen, Vitalität, Gesundheit und Lebensfreude bis ins hohe Alter erfahren möchten.

ISBN 3-923 781-97-0
10 Formulare, 1 Drehscheibe, Handbuch mit Ephemeriden, 10 Planetenkarten, Softcover, Großformat, DM 49,00

Russell Grant

Astrologie-Set für Jedermann

Astrologie spielend begreifen

Dieses Astrologie-Set macht es möglich, ohne Vorwissen in das interessante Gebiet der Astrologie spielend einzusteigen. Durch ein gut durchdachtes System und mit wenigen astrologischen Hilfsmitteln (Astro-Drehscheibe, farbig illustrierte Planetenkarten und Horoskopformulare) können Sie jedes beliebige Geburtshoroskop erstellen.